论法的精神

[法]查理·路易·孟德斯鸠 著　张雁深 译

MONTESQUIEU

云南出版集团
云南人民出版社

果麦文化 出品

2

TOME SECOND

目 录

第九章　法律与防御力量的关系

- 001　第一节　共和国如何谋取安全
- 003　第二节　联邦应由同性质的国家尤其应由共和国组成
- 003　第三节　联邦共和国的其他要素
- 004　第四节　专制国家如何谋取安全
- 005　第五节　君主国如何谋取安全
- 005　第六节　一般国家的防御力量
- 006　第七节　一些思考
- 007　第八节　在一个国家的防御力量不及它的攻击力量的场合
- 008　第九节　相对的国力
- 008　第十节　邻邦的软弱

第十章　法律与攻击力量的关系

- 009　第一节　攻击力量
- 009　第二节　战争
- 010　第三节　征服的权利
- 013　第四节　被征服民族可以得到的一些好处
- 014　第五节　西拉库赛王——哲隆
- 014　第六节　第共和国进行征服的场合
- 016　第七节　续前
- 016　第八节　续前
- 017　第九节　君主国征服邻邦的场合
- 018　第十节　一个君主国征服另一个君主国的场合

018	第十一节	被征服民族的风俗
018	第十二节	居鲁士的一项法律
019	第十三节	查理十二世
021	第十四节	亚历山大
025	第十五节	保持征服地的新方法
025	第十六节	专制国家进行征服的场合
026	第十七节	续前

第十一章　规定政治自由的法律和政制的关系

027	第一节	本章大旨
027	第二节	自由一词的各种涵义
028	第三节	什么是自由
028	第四节	续前
029	第五节	各种国家的目的
030	第六节	英格兰政制
041	第七节	我们所熟悉的君主国
041	第八节	关于君主政体，古人为什么没有很清楚的概念
042	第九节	亚里士多德的想法
043	第十节	其他政治家的想法
043	第十一节	希腊英雄时代的国王
045	第十二节	罗马君王的政体及其三权的划分
047	第十三节	对于驱逐国王后的罗马国家的总看法
048	第十四节	国王被逐后三权的划分如何开始变化
050	第十五节	罗马如何在共和国极盛时期突然丧失了自由
051	第十六节	罗马共和国的立法权
053	第十七节	罗马共和国的行政权
054	第十八节	罗马政府中的司法权
061	第十九节	罗马各领地的政府

| 063 | 第二十节 | 本章结语 |

第十二章　建立政治自由的法律和公民的关系

064	第一节	本章大意
065	第二节	公民的自由
066	第三节	续前
066	第四节	依犯罪的性质量刑有利于自由
069	第五节	某些控告要特别和缓、审慎
070	第六节	男色罪
072	第七节	大逆罪
072	第八节	亵渎神圣和大逆两罪名的滥用
074	第九节	续前
075	第十节	续前
075	第十一节	思想
075	第十二节	不谨慎的言词
077	第十三节	文字
078	第十四节	惩罚犯罪时对廉耻的破坏
079	第十五节	释放奴隶以控告主人
080	第十六节	大逆罪的诬告
080	第十七节	阴谋的揭发
081	第十八节	共和国对大逆罪惩罚过度是如何危险的事
082	第十九节	共和国如何停止自由的行使
083	第二十节	共和国中有利于公民自由的法律
084	第二十一节	共和国对待债务人法律的残酷
086	第二十二节	君主国里破坏自由的东西
086	第二十三节	君主国的密探
087	第二十四节	匿名信
088	第二十五节	君主国的统治方法

088	第二十六节	君主国的君主应该易于接近
089	第二十七节	君主的善行
089	第二十八节	君主须尊重臣民
090	第二十九节	专制政体下可给予人们少许自由的民事法规
091	第三十节	续前

第十三章　赋税、国库收入的多寡与自由的关系

093	第一节	国家的收入
094	第二节	说重税本身是好的这种推理法是笨拙的
094	第三节	有农奴的国家的赋税
095	第四节	有农奴的共和国家
095	第五节	有农奴的君主国家
096	第六节	有农奴的专制国家
096	第七节	无农奴制度的国家的赋税
098	第八节	如何保持这种错觉
099	第九节	一种恶劣的赋税
099	第十节	赋税的轻重应视政体的性质而定
100	第十一节	没收
101	第十二节	赋税轻重和自由的关系
102	第十三节	什么政体可以增加赋税
102	第十四节	赋税的性质和政体的关系
103	第十五节	自由的滥用
104	第十六节争	回教徒的征服战争
104	第十七节军	扩军
105	第十八节	赋税的蠲免
106	第十九节	包税和国家直接征税，哪种办法最有利于君民
108	第二十节	包税人

109　原编者注

第九章　法律与防御力量的关系

第一节　共和国如何谋取安全

一个共和国，如果小的话，则亡于外力；如果大的话，则亡于内部的邪恶。

这两种难处，就是民主国家和贵族国家也不能避免，不论这些国家是好是坏。这种弊害出自事物的本性，不是任何法制的形式能够医治的。

要是人类没有创造出一种政制，既具有共和政体的内在优点，又具有君主政体的对外力量的话，则很可能，人类早已被迫永远生活在单人统治的政体之下了。我说的这种政制就是联邦共和国。

这种政府的形式是一种协约。依据这种协约，几个小邦联合起来，建立一个更大的国家，并同意做这个国家的成员。所以联邦共和国是几个社会联合而产生的一个新的社会，这个新社会还可以因其他新成员的加入而扩大。

就是这种联合使希腊①得到长期繁荣的。罗马人依靠这种联合，向整个世界进攻；而整个世界也就仅仅依靠这种联合来保卫自己，抵抗罗

---

① 它是由五十个彼此完全不同的共和国组成的。见杰尼逊：《联省之国》。

马人；当罗马极盛时代，野蛮人就是依靠这种联合，才能抗拒罗马。野蛮人因惧怕罗马而在多瑙河及莱茵河彼岸结成了联盟。

荷兰、德意志、瑞士同盟在欧洲被认为是永存不灭的共和国，也是由于联合。

城市的联合在古时比在今天更有必要。在过去，一个弱小的城市要比今天冒更大的危险；如果它被征服了的话，它不但要像今天一样丧失它的行政权和立法权，而且还要失去一切人类所特有的东西①。

联邦共和国能够抗拒外力，保持它的威势，而国内也不致腐化：这种社会的形式，能够防止一切弊害。

如果有人想在联邦共和国内篡夺权力的话，他几乎不可能在所有各邦中得到同样的拥护。如果他在某一成员国中获得过大的权力的话，其余诸成员国便将发生惊慌。如果他把一个地方征服了的话，则其余还保有自由的地方就要用尚未被篡夺的那部分力量来和他对抗，并且在他的地位确立以前把他粉碎。

如果联邦的一个成员国发生叛乱，其他成员国可以一起平乱。如果某个地方有某些弊端产生，其他健全的地方则予以纠正。这种国家可以这一部分灭亡，而别一部分生存；联邦可以被解散，而其成员国仍旧保留它们的主权。

联邦共和国既由小共和国组成，在国内它便享有每个共和国良好政治的幸福；而在对外关系上，由于联合的力量，它具有大君主国所有的优点。

---

① 人类所特有的东西即公民自由、财产、妻室、子女、庙宇，甚至于墓地。

第二节　联邦应由同性质的国家尤其应由共和国组成

迦南人遭受毁灭，因为他们是一些小君主国，没有联合起来，没有一致地进行防御。这是因为小君主国的性质不适宜于联邦。

德意志联邦共和国是由自由城市和由王侯统治的一些小国组成的。经验证明，这个共和国就不如荷兰和瑞士共和国完善。

君主国的精神是战争和扩张，共和国的精神是和平和宽厚。这两种政体，除非在强制的情形下，不能在同一个联邦共和国内并存。

所以我们在罗马史中看到，在维埃人选出了一个国王的时候，他们就被所有托斯卡那[1]的小共和国所摈弃。当马其顿的君王们在希腊的近邻同盟会议中获得了一个席位的时候，希腊便什么都完了。

由王侯和自由城市组成的德意志联邦共和国所以能够存在，是因为它有一个首领[2]，在某一方面是联邦的长官，在另一方面是君王。

第三节　联邦共和国的其他要素

在荷兰共和国里，一个省不得其他诸省的同意，不能缔结同盟条约[3]。这项法律很好，就是在联邦共和国，也是必要的。德意志政制中没有这项法律；如果有这项法律的话，它便可以防止一个单独成员的轻率、野心或贪欲可能给全体成员带来的不幸。一个加入到政治性的联邦里去的共和国把自己完全奉献给别人，没有什么可再奉献的了。

要联合的国家大小相同，强弱相等，那是不容易的。吕西亚[①]共

---

① 斯特拉波：《地志》，第14卷。

和国是二十三个城市联合而成的；大城市在公共议会中有三票；中等城市两票；小城市一票。荷兰共和国是大小七省所组成的，每省一票。

吕西亚的城市①依照投票的比例纳税。荷兰各省不能依照这种比例；各省要依照它们的权力的比例。

在吕西亚②，城市的法官和官吏由公共议会选举，并且依照上述的比例。在荷兰共和国，他们不由公共议会选举；每一城市委派自己的官吏。如果人们要我举出一个联邦共和国的优良典范的话，我便要举吕西亚共和国。

第四节 专制国家如何谋取安全

共和国互相结合以谋取安全，专制国家则彼此分离，并可以说是孤立自己，以谋取安全。专制国家牺牲国土的一部分，摧毁边境，使成荒漠；这样，就把帝国的腹地和外界隔开，使外界无法去接近它。

几何学中有一条公认的原理，就是：物的体积越大，它的圆周在比例上便越小。所以这种荒废边境的做法在大国比在中等国较可以容忍些。

专制国家做出不利于自己的一切恶事，和一个残酷的敌人——同时也是一个无法制止的敌人——所能做的一样。

专制国家还用另一种隔离方法以谋自保，这就是在辽远的省份设置藩镇来管理。莫卧儿、波斯、中国的皇帝都有自己的藩属；土耳其则把鞑靼人、摩尔达维亚人、瓦拉几亚人和往昔的特兰西瓦尼亚人安置在自

---

① 斯特拉波：《地志》，第14卷。
② 同上。

己和敌人之间。这对土耳其是很有利的。

第五节　君主国如何谋取安全

君主国不像专制国家那样摧残自己；但是一个中等大的君主国家可能首先受到侵袭。所以它设有要塞以保卫国境，驻守军队以保卫要塞。一寸土地也要用技术、勇敢和坚忍去争夺。专制国家彼此进行侵略；唯有君主国家进行战争。

设置要塞是君主国家的事情；专制国家害怕设置要塞。专制国家不敢把要塞交托给任何人；因为任何人都不爱国家和君主。

第六节　一般国家的防御力量

如果一个国家要有强大的国力的话，它的疆域的大小就要适宜，使它受到急袭时，能够急速挫败敌人。当进攻者在各处出现的时候，防御者也要能够在各处出现。因此国土的大小要适中，方才能够适应人们的天然能力的移转速度。

法兰西和西班牙国土的广袤恰恰适合这种要求。它们的兵力调度灵活，所以想调到哪儿，马上就能够到哪儿；它们的军队集结迅速，并且敏捷地从一个边境移转到另一个边境；它们不怕任何需要相当时间才能做到的事情。

法国有一件极幸运的事，就是，越是薄弱的国境线，便越近首都；越暴露的国土，君主便越看得清楚[4]。

但是，一个大国，例如波斯，在受到攻击的时候，散在各处的军队集合起来就需要几个月；让军队作这么长时间的急行军是不可能的，这究竟不像半个月的急行军那样还可以做到。如果边境上的军队被打败，就必然要溃散，因为临近没有地方可以退却。胜利者的军队，便碰不到任何抵抗，以破竹之势，长驱直入，进逼京城，实行围攻，这时几乎不可能有时间通知各省总督派兵救援。那些认为革命时机已经临近的人们，便拒绝服从政府，以加速革命的到来。因为那些仅仅因惧怕近在眼前的刑罚而忠顺的人，在刑罚已达不到的时候，也就不再忠顺了；他们便只顾个人的利益。帝国瓦解了，首都陷落了，征服者便和总督们争夺各省的疆土。

一个君主的真正力量，固然表现在他能够不费吹灰之力而征服别人，但更可显示他的力量的还是在于别人不容易向他进攻——如果我可以这样说的话，还是在于他所处的情势的稳定性。但是，当国土扩张的时候，它便要显露出一些可能受到袭击的新地方。

所以君主们应该有智慧去扩张自己的势力，但同样也应该谨慎限制自己的势力。他们在消除领土过小的不便的同时，也应该时刻注意国土过大的不便。

第七节　一些思考

一个伟大的君主[5]在位极久；他的敌人们曾经多次责难他，说他制订了一个要建立世界性的君主国的计划，并且谋求这个计划的实现。我相信，这个责难是出于惧怕，是没有根据的。如果这位君主果真实现了这样的一个计划的话，则对欧洲、对他旧时的臣民、对他自己、对他的家庭，都将是最大的不幸。上天晓得真正的利益是什么。它不使他打胜仗，而使他打败仗，用败仗给他带来更大的好处。上天给他的恩赐是，不使他成为欧洲唯一的君主，而使他成为众君主中最强的君主。

他的国民在外国所怀念的只是他们所离弃的东西；他们在离去乡井以后便把获取光荣当作无上的利益；当他们在辽远的国家时，把光荣看作归国的障碍，他们的优良品质甚至也令人生厌，因为这些品质仿佛混杂着对别人的轻视；他们能够忍受创伤、危难和冒险劳苦，但是不能忍受欢乐的丧失；他们最喜爱性格上的快活逸放，他们打一个败仗时，便以曾经讽咏过他们的将军来宽慰自己。他们对一个事业永远不能贯彻到底；他们的事业，没有在一个国家失败而不在其他国家也失败的；没有一次失败而不是永远失败的。

第八节　在一个国家的防御力量不及它的攻击力量的场合

库西勋爵曾对国王查理五世说："英国人在本国最软弱，最易被打败。"关于罗马人，人们也说过同样的话；迦太基人就经验过这点，任何国家都会遭遇同样情况，如果它派军队到遥远的地方去，企图借纪律的力量和军事的威权把因政治利益或社会利益的分歧而分裂的人们重新团结起来的话。国家之所以软弱是因为有弊端经常存在着；虽然加以救治，却反而使它更加软弱了。

库西勋爵的训条是一般规律的例外。一般规律要求人们不要进行远征。而这个例外也很好地证实了这条规律，因为这个例外只适用于那些违背规律的人们。

第九节　相对的国力

一切威势、一切力量和一切权力，都是相对的。应当十分注意，在寻求增加实际的威势的时候，不要减少相对的威势。

当路易十四世在位时期的中叶，法国的相对的威势达到了顶点。德意志还没有产生像后来那样伟大的君主。意大利也是一样。苏格兰和英格兰还没有组成一个联合王国。阿拉贡也没有和加斯提合并为一个王国；同西班牙分离的地区为西班牙所削弱，而这些地区又削弱了西班牙。俄罗斯也是和克里米亚一样，在欧洲还没有被人们所熟悉。

第十节　邻邦的软弱

如果邻邦是一个走向衰微的国家的话[6]，我们就要十分小心，不要去加速它的灭亡，因为邻邦衰弱正是我们所可能得到的最幸运的处境；对一个君主来说，如果在他近旁有另外一个君主可以替他接受命运的一切打击和凌辱，那是再便利不过的了。征服这样一个弱国，虽在实际的国力方面有所增加，但通常是不能够抵偿在相对的国力方面的损失的。

第十章　法律与攻击力量的关系

第一节　攻击力量

攻击力量由国际法加以规定。国际法是国家与国家相互关系的政治性的法律。

第二节　战争

国家的生命和人的生命一样。人在进行正当的自卫时有杀人的权利；国家为着自己的生存有进行战争的权利。

在自卫的时候，我有杀人的权利，因为我的生命对我来说，犹如攻击我的人的生命对他来说一样。同样，一个国家进行战争，因为它的自卫行为和任何其他国家的自卫行为是完全一样的。

在公民与公民之间，自卫是不需要攻击的。他们不必攻击，只要向法院申诉就可以了。只有在紧急情况之下，如果等待法律的救助，就难免丧失生命，他们才可以行使这种带有攻击性的自卫权利。然而，在社会与社会之间，自卫的权利有时候是必须进行攻击的。例如当一个民族看到继续保持和平将使另一个民族有可能来消灭自己，这时进行攻击就是防止自己灭亡的唯一方法。

因此，小的社会往往比大的社会较有作战的权利，因为小的社会常常处于害怕被人毁灭的情况中。

所以战争的权利是出于必要，出于严格的正义的。如果支配君主们的良心或计策的人们不以这种情况为满足的话，那么一切就都完了。如果他们的行动是以荣耀、尊严、功利等武断的原则为基础的话，那么大地上便将血流成河了。

人们尤其不要谈君主的荣耀。他的荣耀就是他的自尊自大；是一种情欲，而不是合法的权利。

君主以威势著称，诚然可以增加他的国家的力量；然而君主以公正著称，同样也会增加他的国家的力量。

第三节　征服的权利

战争的权利产生征服的权利。后者是前者的结果，所以应当遵循前者的精神。

当一个民族被征服的时候，征服民族对被征服民族所具有的权利应以四种法律为准绳：（一）自然法——依照这种法律，万物莫不力求保存其种类；（二）自然理智①法——它规定我们"要人怎样待我，便要怎样待人"；（三）政治社会的构成法——由于政治社会的性质的关系，大自然对政治社会存在期间的长短并不加以限制；（四）末后一种法是从征服这件事本身推演出来的。征服是一种取得，取得的精神就包含着

---

① "自然理智"在哲学上亦有译作"本然理智"或"直觉理智"的，指人性自然的认识能力。——译者

保存和使用的精神，而不是破坏的精神。

征服国对待被征服国有下列四种方式：（一）按照被征服国原有的法律继续治理其国家，而征服国则仅仅行使政治及民事方面的统治权；（二）在被征服国建立崭新的政治和民事的治理机构；（三）毁灭这个社会而把它的成员分散到其他的社会里去；（四）把它的公民全体灭绝。

第一种方式同我们今日遵行的国际法相符合；第四种方式则较符合于罗马人的国际法[7]。在这一点上，我让大家去判断到底我们比从前好了多少。在这里，我们应当赞美我们的时代，赞美我们今天的理性、宗教、哲学和风俗。

我们的公法的著作家们，以古史为根据，不以严格必要的事例为立论的根据，因而陷入重大的谬误中。他们武断从事；他们假定征服者有杀人的权利，我不明白这是什么权利。他们从这个原则引申出同样可怕的推论，并且建立了一些准则。这些准则，就是征服者自己如果稍有一点理智的话也是不会遵行的。显然，在完成征服以后，征服者就不再有杀人的权利，因为他已不处于当时那种需要自卫和自保的情况了。

我们的公法学者所以有这种想法，是因为他们认为征服者有权利毁灭社会。由此他们得出结论说，征服者也有权利毁灭组成该社会的人，这是一个由错误原则得出的错误结论。因为，如果说社会可以灭亡，并不能就说组成该社会的人也应该灭亡。社会是人的结合，而不是人；公民可以灭亡，而人仍然存在。

政治家们从征服的杀人权利引申出奴役的权利来；但是这个结论也像原则一样，是没有根据的。

只有为了保存征服成果有必要的时候，才能有奴役的权利。征服的目的是保存；奴役绝不是征服的目的；但是有时候奴役可能是达到保存的一种必要手段。

在这种情形下，永久性的奴役也是违背事理的。应当使被奴役的人民能够变成臣民。在征服上，奴役只是一种偶然的事情。在经过一定时间以后，征服国的各部分和被征服国的各部分因习惯、婚姻、法律、交往和精神上某种程度的一致而完全联合了起来的时候，奴役便应停止。因为征服者的权利是建立在上述这些情况不存在的场合，建立在两个民族之间有距离，彼此不能互相信任的场合的。

所以，把被征服人民降为奴隶的征服者，应该经常保留一些使被征服的人民得以恢复自由的方法，这些方法是不胜枚举的。

我不是在这儿谈空洞的事情，我们的祖先征服罗马帝国时就是这样做的。他们在烈火中，在行动中，在急变中，在胜利的傲慢中所制定的法律，以后都变得温和了；他们的法律原来是严峻的，以后趋于公平了。勃艮第人、哥特人、伦巴底人老想以罗马人为被打败的人民；然而欧里克、贡德鲍和罗塔利的法律却都把罗马人和蛮族人民一样当同胞看待①。

查理曼为了制驭撒克逊人，剥夺了他们的自由民身份和财产所有权。"柔懦路易"恢复了他们的自由②：这是他在位时最大的仁政。在这以前，时间和奴役已经使撒克逊人的风俗趋于温和，他们便始终效忠于路易了③。

---

① 参看蛮族的法典及本书第28章。
② 见《柔懦路易传》，（作者未详），载杜深：《汇选》，第2卷，第296页。
③ 甲乙本无末后一段。

第四节　被征服民族可以得到的一些好处

如果政治家们不从征服的权利引申出那样可怕的结论，而只论述一下这种权利有时可能给被征服的人民带来什么好处的话，那就更好了。如果我们的国际法得到严格的遵守并在全世界建立起来的话，人们就越发能够体会到这些好处。

被征服的国家通常都是法制废弛的。腐化已经产生；法律已停止执行；政府变成了压迫者。如果征服不是毁灭性的征服的话，这样一个国家，正可以因被征服获取一些好处，谁会怀疑这一点呢？一个政府如果已经到了自己不能进行改革的地步，人家把它改造一下，于它有何损失呢？如果一个被征服的国家的情况是，富人通过千种诡计，万种技巧，在不知不觉间使用无数手段进行掠夺，而不幸的人们受着压迫，嘘吁叹息，看到他们一向认为弊害的东西已经成为法律，并连感到压迫都被认为犯了错误，如果情况如此，我认为征服者就应该把该国的一切都推翻掉，而首先以暴力对待[8]那里暗无天日的暴政。

举例说，我们看见过，受包税人压迫的国家从征服者那里得到了宽减，征服者并没有原来的合法君主事情那么多，需要那么多。弊端甚至无须征服者予以革除而已自行消失了。

有时，征服国的俭朴使它有可能把在合法君主统治时期被剥夺掉的民生所必需的东西留给战败者。

征服可能消除有害的偏见，并且把一个国家——如果我可以这样说的话——放置到更为英明的人的统治之下。

西班牙人对墨西哥人有什么好事不能做呢？他们本来应该向墨西哥人传布一种慈悲的宗教，而他们却把狂热的迷信带给墨西哥人。他们本来可以把奴隶变为自由人，而他们却把自由人变成奴隶。他们本来可以教化墨西哥人破除祭祀时以人作贡献的恶习，但他们不这样做，反而屠杀了墨西哥人。如果我要把他们所没有做的好事和做了的坏事全都说出来的话，那是永远说不完的。

征服者对所做的坏事应该补偿一部分。因此，我给"征服的权利"下这样的定义：征服的权利是一种必要的、合法的而又是不幸的权利，这种权利老是留给征服者一笔巨债，要他清偿对人性所加的损害。

第五节 西拉库赛王——哲隆

我以为历史所载最高尚的和平条约莫过于哲隆同迦太基人所签订的条约。哲隆要迦太基人废除祭祀时杀子女作贡献的习惯①。这是何等可赞美的事！在打败三十万迦太基人以后，哲隆要求一个仅仅有益于迦太基人的条件；或是说得确切些，他的订约是为了人类。

大夏人把他们年老的父亲喂大狗，亚历山大加以禁止[9]。这是他对迷信的一个胜利②。

第六节 共和国进行征服的场合

在联邦政制之下，如果一个成员邦征服另一个成员邦，如同我们今天在瑞士所见到的一样③[10]，那是违背事理的。混合的联邦共和国，是

---

① 见德·巴尔贝拉克：《汇选》（《古代条约史》，阿姆斯特丹，1739年版），第112条。
② 甲乙本没有这一段。
③ 指的是托堪堡。

一些小共和国和一些小君主国的联合,如果那里发生这种事情,就比较不致使人惊异。

如果一个民主共和国征服了一些城市,而把这些城市摈弃在民主范围之外,也是违背事理的。被征服的人民应当享有主权上的特殊权益,如罗马人最初所规定的那样。应当限制被征服的人民的数目,使它不超过为实行民主政治所规定的公民数目。

如果一个民主共和国征服一个民族,为的是要把该民族当作臣属来治理的话,它便是把自己的自由放置到危险的境地,因为它必须把过大的权力授予派遣到被征服国去的官吏。

如果汉尼拔攻取了罗马,迦太基共和国会处于多么危险的境地呢?他战败后还在自己的城市激起那样的革命,如果他凯旋而归的话,还有什么事情会做不出来呢[1]?

如果汉诺的演说完全是出于嫉妒心的话,他是绝对不能说服元老院使它不派援军给汉尼拔的。亚里士多德告诉我们,这个元老院是明智的(关于这点,迦太基共和国的繁荣就是极好的证明)。它如果没有极正当的理由是不会作出决定的。如果看不见三百里欧[2]外的军队必然会有伤亡而需要补充,那无疑是非常愚蠢的。

汉诺派想把汉尼拔交给罗马人[3]。当时他们不可能害怕罗马人,所以他们害怕的是汉尼拔。

或者有人要说,迦太基人不能相信汉尼拔的成功。但是他们怎么能有所怀疑呢?迦太基人散布在世界各处,他们怎么会不知道在意大利发

---

[1] 他是一个派系的首领。
[2] 古时法国的里。——译者
[3] 汉诺想把汉尼拔交给罗马人,就像卡托想把恺撒交给高卢人一样。

生的事情呢？正因为他们不是不知道，所以才不愿意派援军给汉尼拔。

在特雷比亚、特拉西末奴斯、坎奈诸役之后，汉诺更坚决了。因为不是他的怀疑增长，而是他的恐惧加深了。

第七节　续前

民主国进行征服还有另外一种不便。它的统治将永远为被征服国所厌恶。这种统治在想象中是属于君主政体性质的，但在实际上则比君主政体还严酷，历代各国的经验都可以证明这一点。

被民主国征服的人民是悲哀的；他们既不能享有共和国的利益，也不能享有君主国的利益。

以上关于平民政治的国家的论断，也可以适用于贵族政治的国家。

第八节　续前

因此，一个共和国以某一民族为附庸时，应当努力去补救这种情况所产生的弊病，为附庸民族制定优良的政治法规和民政法规。

意大利有一个共和国统治了一些岛民；但是该共和国给岛民制定的政治法规和民政法规都是恶劣的。人们还记得，它的大赦法规定：不再依据总督私下的情报判处岛民以体刑[①]。我们常常看到各民族要求特殊的权利，但是这里，元首所给予的只是一切民族都享有的普通权利。

---

① 1738年10月18日热那亚的佛兰格里版第6条："让我们谕令我们驻该岛的总督，将来不得仅仅依据私下获得的情报科处任何国民以体刑。总督虽然可以把他所嫌疑的人逮捕、投狱，但是在此之后要迅速把案情向我们报告。"又见1738年12月23日《阿姆斯特丹日报》。

第九节　君主国征服邻邦的场合

如果一个君主国能够长期从事活动，而不致因扩张反而削弱自己的话，它将成为一个可怕的强国。如果它周围又为一些君主国紧紧环绕着的话，那么，它将同样长久保持强大的力量。

因此，一个君主国只能在适合它的政体的天然界限之内进行征服扩张。当它逾越这些界限的时候，智虑便立即要求它停止。

在进行这种征服的场合，它所到之处都应该保存当地原有的东西。原有的法院、原有的法律、原有的习惯、原有的特权，都一仍其旧；除了军队和元首的名称而外什么都不应改换。

一个君主国因征服邻邦的某些省份而扩张了疆土的时候，应该给予这些省份以极为温厚宽仁的待遇。

一个君主国如果长期从事征服，则它旧有疆域内的各省份将要受到沉重的压榨。它们要忍受新的和旧的苛政。而且一个吞没一切的大都城成立后，常常使那些省份人烟稀少。如果君主国征服了旧有疆域附近的民族以后，苛待他们就像苛待旧有的臣属一样的话，国家就完了：被征服的各省份进贡给首都的东西将不再得到报偿；边疆将被毁坏，因而也更不巩固了；这些民族将萌生反叛的心理；不得不在边疆驻防和行动的军队在生活上更是无法安定了。

一个从事征服的君主国必然是这样的一种情况：首都极尽丑恶的奢华，稍远的省份则过着悲惨的生活，极远的地区则富裕丰足。这正像我们的地球一样：火在中心，绿叶青草在表面，干枯、寒冷、瘠硗的土地介乎二者之间。

第十节　一个君主国征服另一个君主国的场合

有时一个君主国征服另一个君主国。后者越小，便越宜于设置堡垒来管制它；越大则越宜于用殖民地的形式来保住它[11]。

第十一节　被征服民族的风俗

在征服地区，仅仅保留战败的民族的法律是不够的；保留他们的风俗也许更为必要，因为一个民族对自己的风俗总是比对自己的法律更熟悉、更喜爱、更拥护。

法兰西人九次被逐出意大利。据历史家说[①]，这是由于他们对妇女的粗野无礼。一个民族被迫忍受征服者的傲慢已是难堪，还要加上他们的淫逸和轻率，那就更是无法忍受了！轻率无疑更招人愤懑，因为从这里会滋生出无穷尽的暴行。

第十二节　居鲁士的一项法律

居鲁士给吕底亚人制定一项法律，规定他们只能操作下贱的或可耻的职业。我不认为这是良法。他只注意一件急迫的事，就是防止内乱，而没有想到外侮。然而，因为波斯人和吕底亚人联合在一起，互相腐化，外敌不久就入侵了。我宁愿用法律保持征服民族的朴质粗陋，而不愿用法律保持被征服民族的柔弱委顿。

---

① 参看普芬道尔夫：《万国史》。

亚里斯托德穆斯是邱麦的暴君①，他竭力使青年人意气消沉。他要男孩子们像女孩子们一样留长发，并簪上花；要他们穿上五颜六色的长达脚跟的长袍；在他们到音乐和舞蹈教师那儿去的时候，要妇女给他们带着阳伞、香水和扇子；在他们洗澡的时候，要妇女给他们梳子和镜子。他们要受这样的教育直到二十岁。这种教育仅仅对于一个为了保全生命可以把主权抛弃的小暴君是相宜的。

第十三节　查理十二世

这个君主，仅仅依靠自己的力量，制订了非进行长期战争不能实现的计划，因而招致了自己的灭亡；这种长期的战争不是他的王国所能够支持得住的。

他企图颠覆的，不是一个走向衰微的国家，而是一个新兴的帝国。俄罗斯人利用他所加于他们的战争，进行学习。每一次的失败使他们更加接近胜利；他们在国外失败了，却学会了怎样在国内防卫自己。

查理来到波兰的旷野，自以为是世界的主人：当他在那里徘徊，瑞典也好像已扩张到了那里的时候，他的劲敌却加强了自己的力量来抵御他，把他紧紧地围住，在波罗的海沿岸确立了脚跟，破坏了或者说占领了里窝尼亚。

瑞典就好像一条河流，人们要它改道而把它的水源切断了。

断送了查理的并不是波尔多瓦②战役；如果他不在这个地方覆灭，也必然会在别的地方覆灭。命运中的偶然事故是易于补救的；而从事物

---

① 狄欧尼西乌斯·哈利卡尔拿苏斯：《罗马古代史》，第7卷。
② 原文 Pultava。甲乙本作 Pultova。

的本性中不断产生出来的事件,则是防不胜防的。

但是这样坚决和他作对的,既不是事物的本性也不是命运,而是他自己。

他所遵循的不是事物当前的情势,而是他所取法的某个模范;就是这个模范他也仿效得很差。他绝对不是亚历山大;但他可以当亚历山大的一名最好的士兵。

亚历山大的计划所以成功,只是因为计划合理。波斯人侵略希腊的失败、阿吉西老斯征战的胜利、波斯一万大军的撤退等事件,已经确切地证明了希腊人在战斗方法和武器的种类方面的优越性,而且人们十分清楚地知道,波斯人因过于高傲,以致难于矫正自己。

他们不能再用分裂的方法削弱希腊,希腊当时正统一在一个首领之下。这个首领要掩盖希腊受奴役的状态最好的方法,就是用消灭希腊长期的敌人并用征服亚洲的希望来迷醉它。

一个帝国,由世界上最勤劳的民族垦殖,这个民族又根据宗教的原则耕种土地,而且帝国土地肥沃,百物丰饶,这个帝国就给予敌人一切生活上的便利。

这些国王经常因战败而深感悒郁。但是从他们的骄傲去看,当时人们已可断定,他们必将老是打仗以加速自己的灭亡;又可以断定,佞臣的谄媚将不容他们对自己的威势有所怀疑。

亚历山大的计划不但是智慧的,而且执行的方式也是智慧的。他在迅疾的行动中,甚至在情绪激动的时候,都受到"理智的光辉"的指导,——如果我可以用这个说法的话。那些想把他的历史写成传奇,而思想比他还要腐败的人们,也不可能把这种"理智的光辉"向我们隐藏

起来。关于这点,让我们从从容容地谈一下吧!^①

第十四节 亚历山大

亚历山大是在巩固了马其顿,使它足以抵御邻近的半野蛮民族,并制服了希腊人之后,才去远征的^②。他仅仅利用制服希腊人来实现他的雄略;他使拉栖代孟人的妒忌无能为力;他攻击沿海的省份;他把陆军部署在靠近海岸的地方,以免同他的舰队分离;他非常奇妙地以纪律的效用去制驭数目较多的敌人;他不缺乏粮草;如果说胜利真是给了他一切的话,我们也应该说,他是想尽一切办法去获取胜利的。

在他的事业刚开始的时候^③,也就是说,在一个挫折就可能毁灭他的时候,他凡事很少赌运气;当命运使他经过一些事件而享有盛名的时候,鲁莽冒进有时便成为他的手段之一。在他出发之前,他先向特里巴利人和伊里利安人进军。你看到,这个战争^④就像后来恺撒对高卢人所进行的战争一样。当他返回希腊的时候^⑤,他就像是不得已才占领并且毁灭了梯柏城的:他扎营在这个城市近郊,等待着梯柏人讲和,然而他们自己却加速了自己的灭亡。当要攻击^⑥波斯海军时,显示出勇敢的毋

---

① 甲乙本都没有这一句。
② 甲乙本作:"亚历山大征服了极大的地区。让我们看看他的作风吧!关于他的武勇,人们已经谈得很多了,让我们谈谈他的谨慎吧!"
他所采取的措施都是正确的。他是在压服了希腊人之后才离开的;他仅仅利用压服希腊人来实现他的雄略;他不遗留任何反对他的东西在后头;他攻击沿海的省份……"
③ 甲乙本没有这一段和以下两段。
④ 阿利恩:《亚历山大的远征》,第1卷。
⑤ 同上。
⑥ 同上。

021

宁说是巴尔美尼欧，而显示出智慧的却是亚历山大。亚历山大的机智的地方就在于他把波斯人同海岸隔开，使得他们不得不放弃他们的海军；波斯人在海军方面原是优越的。推罗和波斯人原来是连接在一起的。波斯人如果没有这个城市的贸易和航运是过不了日子的；亚历山大便摧毁了这个城市。当大流士在另外的一个"世界"里集结无数军队，以致埃及兵马空虚的时候，亚历山大把埃及占据了。

格剌奈卡斯河的横渡，使亚历山大成为希腊殖民地的主人；伊索斯战役使他获得了推罗和埃及；阿尔贝拉战役使他获得了整个地球。

伊索斯战役以后，他听凭大流士逃走，而集中精力巩固和整顿他新征服的地方。阿尔贝拉战役以后，他就紧追①大流士，使他在他的帝国中找不到退却的地方。大流士刚退入一城一省，就须马上转移；亚历山大进军是那样神速，仿佛这个世界帝国是希腊运动会上竞技的奖赏，而不是作战胜利的成果。

他进行征服的方式就是如此，我们再看看他如何保持住他所征服的地方。

他反对那些主张把希腊人当作主人而把波斯人当作奴隶的人们②；他只想把这两个民族联合起来，并且把征服民族和被征服民族的界限消除。在完成征服以后，他抛弃了他曾经利用作为进行征服的理由的一切成见。他采用了波斯人的风俗，以免波斯人因须随从希腊人的风俗而感到忧伤。他对大流士的妻子和母亲那样尊重，对自己的情欲那样节制，原因就在于此③。当他逝世时，所有被他征服的各民族都哀悼他；这是

---

① 阿利恩：《亚历山大的远征》，第3卷。
② 这是亚里士多德的谏言。参看普卢塔克《道德著述》中"论亚历山大的命运"。
③ 这里甲乙本多了一句："他使波斯人深深悼念他，原因就在于此。"

怎样的一个征服者呢？被他推翻的王室也曾为他的死而落泪；这又是怎样的一个篡夺者呢？这是他生命中的一个事迹；历史家们从没告诉过我们还有其他征服者能够以这种事迹自诩。

没有比用通婚的方法把两个民族连结起来更能巩固征服的成果了。亚历山大从他所征服的民族中挑选他的嫔妃，并且要他的朝臣[①]也如此；其他的马其顿人都仿效这个榜样。法兰克人和勃艮第人[②]容许了这种婚姻；西哥特人起初在西班牙禁止[③]这种婚姻，及后又予以许可；伦巴底人不只许可，而且加以赞助[④]。当罗马人要削弱马其顿的时候，他们规定，各个领地间的人民不得通婚。

亚历山大为了要把两个民族联合起来，便计划在波斯建立许多希腊的殖民地。他建造了无数城市，并且把这个新帝国的各部分团结得非常紧密，所以他死了以后，在最可怕的内战的苦难和混乱中，在希腊人可以说是自取了灭亡以后，波斯没有任何一个省份发生叛乱。

为了不使希腊和马其顿精疲力尽起见，他遣送了一批犹太人[⑤]到亚历山大里亚去侨居。这些犹太人的风俗怎样，那是无关紧要的，只要他们对他效忠就行了。

他[⑥]不仅允许被征服的人民保留他们的风俗，而且还保留他们的民

[①] 参看阿利恩：《亚历山大的远征》，第7卷。
[②] 参看《勃艮第人的法律》，第12编，第5条。
[③] 参看《西哥特的法律》，第3卷，第1编，第1节。这个法律废止了旧法。据该法称，旧法重视民族的区别，比较不重视社会地位的区别。
[④] 参看《伦巴底人的法律》，第2卷，第7编，第1、2节。
[⑤] 叙利亚的一些国王放弃了帝国缔造者们的计划，强使犹太人仿效希腊人的风俗；这件事强烈地震撼了他们的国家*。
* 甲乙本把这个注放在正文中。
[⑥] 本章末尾各段，甲乙本全都没有。

事法规，常常甚至连他们原有的国王和总督也不更动。他用马其顿人① 率领军队，用本地人当政府首长；他宁愿冒个别人对他不忠诚的危险（这有时发生过）而不冒一般人叛乱的危险。他尊重各民族的旧传统和一切光荣或虚荣的纪念物。波斯的国王们曾毁坏了希腊人、巴比伦人和埃及人的庙宇，他把它们重建了起来②；向他屈服的民族中，很少民族的祭坛他没有去供奉祭品的。仿佛他征服的目的只是要成为每个国家的特殊君主，成为每个城市的第一位公民而已。罗马人的征服一切是要毁灭一切[12]，他的征服一切是要保全一切；不论经过哪一个国家，他首先想的，首先计划的，总是应该做些什么来增进那个国家的繁荣和强盛。他所以能够达到这个目的，第一，是由于他伟大的天才；第二，是由于他的俭朴和对私事的节约③；第三，是由于他在重要事情上挥金如土。他的手对于私人的开支握得很紧；而对于公共开支则放得极宽。在管理家务的时候，他是一个马其顿人；但在发放军饷时，在同希腊人分享征服果实时，在使他的军队的每一个人都能致富时，他是亚历山大。

他做过两件坏事：他烧毁了百泄波里，他杀死了克里图斯。二者都因为他的忏悔而出名。所以人们忘记他的罪行，而怀念他对品德的尊崇；把二者视为不幸事件，而不视为属于他个人的行为；后世的人几乎就在他的感情激动和弱点的近旁发现他灵魂的美；人们觉得应该惋惜他，而不应该憎恨他。

我要把他和恺撒比较一下。当恺撒想仿效亚洲的君王的时候，他单纯为着炫耀夸张而使罗马人感到绝望。当亚历山大要仿效亚洲的君王的

---

① 见阿利恩：《亚历山大的远征》，第3卷等。
② 同上。
③ 同上书，第7卷。

时候，他便做一件符合于他的征服计划的事情[13]。

第十五节　保持征服地的新方法

当一个君主征服了一个大国的时候，有一个极好的办法，既可以缓和专制主义，又利于保持征服地；征服中国的人们曾经适用过这个办法。

为了不使被征服的人民觉到沮丧，不使胜利者傲慢，为了防止政府军事化，并使两个民族各守本分起见，现在统治中国的鞑靼皇室规定各省的每支军队都要由汉满人各半组成，这样，两个民族间的妒忌心便可得到约束。法院也是汉满人参半。这就产生了几种良好效果：（一）两个民族互相钳制；（二）两个民族都保有军事和民政的权力，谁也不能把谁毁灭；（三）征服民族能够到处扩张而不致变弱或灭亡，能够应付内战或对外战争。这个制度是很明智的。缺乏这样的一个制度，几乎就是一切征服者败亡的原因。

第十六节　专制国家进行征服的场合

如果征服地幅员广大，则一定先有专制主义存在。在此情形下，军队散驻各省感到不足。国王身边经常需要有一支特别忠诚的军队，以便随时可以去平定帝国中发生动乱的地方。这支军队应该钳制其他军队，并使那些在帝国中因有必要而被授予某些权力的人们有所畏惧。中国皇帝身边常常有一支很大的鞑靼军队，以备紧急时调遣。在莫卧儿、土耳其、日本，都有一支由君主给养的军队[14]；它和那些靠土地收入来维持的军队是分开的[15]；这些特殊军队威慑着一般的军队。

第十七节　续前

我们曾经说过，专制君主应该以所征服的国家为藩属。历史家们曾对征服者把王冠还给被征服的君主这种度量，尽力加以颂扬。罗马人是很大量的，他们到处立王，作为奴役的工具[①]，这种做法是必要的。如果征服者自己治理被征服国的话，则他所派去的总督将不知如何管束臣民，征服者自己也将不知如何管束总督们；为了保全新领土，他将不得不抽掉他原有疆土内的军队。一切患难将同时波及两国，一国的内战也将成为另一国的内战了。反之，征服者恢复了合法国王的王位的话，他将获得一个他所需要的同盟者，这个同盟者自己的力量将增加他的力量。我们不久以前看到，波斯王那第尔征服了莫卧儿，掠夺了他的财宝，而把印度斯坦留给他。

---

① 塔西佗在《阿格里科拉传》第14章中说：罗马人民，按照奉行已久的古老习惯，有奴隶，而且还有国王做他们的工具。"

第十一章　规定政治自由的法律和政制的关系

第一节　本章大旨

我把同政制相关联的政治自由的法律和同公民相关联的政治自由的法律区别开来。前者是本章的论题，后者将在下章加以讨论。

第二节　自由一词的各种涵义

没有一个词比自由有更多的涵义，并在人们意识中留下更多不同的印象了。有些人认为，能够轻易地废黜他们曾赋予专制权力的人，就是自由；另一些人认为，选举他们应该服从的人的权利就是自由；另外一些人，把自由当作是携带武器和实施暴力的权利；还有些人把自由当作是受一个本民族的人统治的特权，或是按照自己的法律受统治的特权[1]。某一民族在很长时期内把留长胡子的习惯当作自由[2]。又有一些人把自由这个名词和某一种政体联系在一起，而排除其他政体。欣赏

---

[1] 西塞罗说："我效法了斯开沃拉的法令；这种法令允许希腊人依照他们自己的法律解决他们之间的争端；这使他们把自己看作是自由的人民。"
[2] 俄罗斯人对沙皇彼得让他们剪掉长胡子，感到不能容忍。

共和政体的人说共和政体有自由。喜欢君主政体的人说君主政体有自由①。结局每个人把符合自己习惯或爱好的政体叫做自由。在一个共和国内,人们诉苦时,经常看不见也不十分注意那些痛苦的制造者,而且在那里法律的声音似乎十分响亮,执行法律的人却很少有什么声音,因此,人们通常认为共和国有自由,而君主国无自由。还有一点:在民主政治的国家里,人民仿佛是愿意做什么几乎就可以做什么,因此,人们便认为这类政体有自由,而把人民的权力同人民的自由混淆了起来。

第三节 什么是自由

在民主国家里,人民仿佛愿意做什么就做什么,这是真的;然而,政治自由并不是愿意做什么就做什么。在一个国家里,也就是说,在一个有法律的社会里,自由仅仅是:一个人能够做他应该做的事情,而不被强迫去做他不应该做的事情[16]。

我们应该记住什么是"独立",什么是"自由"。自由[17]是做法律所许可的一切事情的权利;如果一个公民能够做法律所禁止的事情,他就不再有自由了,因为其他的人也同样会有这个权利。

第四节 续前

民主政治和贵族政治的国家,在性质上,并不是自由的国家。政治自由只在宽和的政府里存在。不过它并不是经常存在于政治宽和的国家

---

① 卡帕多细亚人拒绝了罗马人提出的共和政体。

里；它只在那样的国家的权力不被滥用的时候才存在。但是一切有权力的人都容易滥用权力，这是万古不易的一条经验。有权力的人们使用权力一直到遇有界限的地方才休止。说也奇怪，就是品德本身也是需要界限的！

从事物的性质来说，要防止滥用权力，就必须以权力约束权力。我们可以有一种政制，不强迫任何人去做法律所不强制他做的事，也不禁止任何人去做法律所许可的事。

第五节　各种国家的目的

虽然一般地说，一切国家都有一个相同的目的，就是自保，但是每一个国家又各有其独特的目的。扩张是罗马的目的；战争是拉栖代孟的目的；宗教是犹太法律的目的；贸易是马赛的目的；太平是中国法律的目的[①]；航海是罗德人的法律的目的；天然的自由，是野蛮人施政的目的；君主的欢乐，一般说来，是专制国家的目的；君主和国家的光荣，是君主国家的目的；每个个人的独立性是波兰法律的目的，而其结果则是对一切人的压迫[②]。

世界上还有一个国家，它的政制的直接目的就是政治自由。我们要考察一下这种自由所赖以建立基础的原则。如果这些原则是好的话，则从那里反映出来的自由将是非常完善的。

在政制中发现政治自由，并非十分困难的事。如果我们能够看见自由之所在，我们就已经发现它了，何必再寻找呢？

[①]　这是一个没有外来敌人或自信边界已阻住了敌人的国家自然地具有的目的。
[②]　即由"我否决自由"所产生的弊害。

第六节　英格兰政制[18]

每一个国家有三种权力：（一）立法权力；（二）有关国际法事项的行政权力；（三）有关民政法规事项的行政权力。

依据第一种权力，国王或执政官制定临时的或永久的法律，并修正或废止已制定的法律。依据第二种权力，他们媾和或宣战，派遣或接受使节，维护公共安全，防御侵略。依据第三种权力，他们惩罚犯罪或裁决私人讼争。我们将称后者为司法权力，而第二种权力则简称为国家的行政权力。

一个公民的政治自由是一种心境的平安状态。这种心境的平安是从人人都认为他本身是安全的这个看法产生的。要享有这种自由[①]，就必须建立一种政府，在它的统治下一个公民不惧怕另一个公民。

当立法权和行政权集中在同一个人或同一个机关之手，自由便不复存在了；因为人们将要害怕这个国王或议会制定暴虐的法律，并暴虐地执行这些法律。

如果司法权不同立法权和行政权分立，自由也就不存在了。如果司法权同立法权合而为一，则将对公民的生命和自由施行专断的权力，因为法官就是立法者。如果司法权同行政权合而为一，法官便将握有压迫者的力量。

如果同一个人或是由重要人物、贵族或平民组成的同一个机关行使这三种权力，即制定法律权、执行公共决议权和裁判私人犯罪或争讼权，则一切便都完了。

---

① 在英国要是一个人的敌人就像他的头发那么多的话，也不会发生什么事故；这就是不得了的事，因为精神健康与身体健康是同样必要的（《英格兰札记》）。

欧洲大多数王国是政体宽和的，因为享有前两种权力的国王把第三种权力留给他的臣民去行使。在土耳其，这三种权力集中于苏丹一人身上，所以可怖的暴政统治着一切。

在意大利各共和国，三种权力合并在一起，所以自由反比我们的君主国还少。因此，为自保起见，这些国家的政府也需要采用像土耳其政府所采用的那种残暴的手段，国家检察官[①]以及密告者随时可以投进密告书的狮子口，这二者的设置就是证明。

试看这些共和国的公民是处在何等境遇中！同一个机关，既是法律执行者，又享有立法者的全部权力。它可以用它的"一般的意志"去蹂躏全国；因为它还有司法权，它又可以用它的"个别的意志"去毁灭每一个公民。

在那里，一切权力合而为一，虽然没有专制君主的外观，但人们却时时感到君主专制的存在。

因此，企图实行专制的君主总是首先独揽各种职权；欧洲就有一些国王独揽国家的一切要职。

我肯定地认为，意大利各共和国的纯粹世袭的贵族政治，并不完全与亚洲的专制主义相同。在这些共和国中，官吏数目众多，有时候就使政治宽和些；所有的贵族也不老是同意相同的计划；而且在那里，因设有各种机关，宽严可以相济。因此，在威尼斯立法权属于大议会[②]，行政权属于常务会，司法权属于四十人会[19]。但是，缺点在于：这些不同机关都是由同一阶层的官吏组成的，这几乎就形成一个同一的权力。

司法权不应给予永久性的元老院，而应由选自人民阶层中的人员，

---

① 在威尼斯。
② 甲本作"议会"。

在每年一定的时间内，依照法律规定的方式来行使①；由他们组成一个法院，它的存续期间要看需要而定。

这样，人人畏惧的司法权，既不为某一特定阶级或某一特定职业所专有，就仿佛看不见、不存在了。法官不经常出现在人们的眼前；人们所畏惧的是官职，而不是官吏了。

即使在控告重罪的场合，也应允许罪犯依据法律选择法官；或者至少允许他要求许多法官回避，结果所剩余的审案的法官就像都是由他选择的了。

其他的两种权力则可以赋予一些官吏或永久性的团体，因为这二者的行使都不以任何私人为对象；一种权力不过是国家的一般意志，另一种权力不过是这种意志的执行而已。

但是，法院虽不应固定，然而判例则应该固定，以便做到裁判只能是法律条文的准确解释。如果裁判只是法官的私人意见的话，则人民生活在社会中将不能确切地知道他所承担的义务。

法官还应与被告人处于同等的地位，或是说，法官应该是被告人的同辈，这样，被告人才不觉得他是落到倾向于用暴戾手段对待他的人们的手里。

如果立法机关让行政机关有权利把能够为自己的善良行为提出保证的公民投进监狱的话，自由就不再存在了；但是，如果他们犯了法律所规定的重罪，需要立刻加以逮捕追究刑事责任时，则不在此限。在这种场合，他们只是受法律力量的支配，所以仍旧是真正自由的。

但是，如果立法机关认为由于某种危害国家的阴谋或通敌情事，国

---

① 例如在雅典。

家已处于危险境地的时候,它可以在短促的、一定的期间内,授权行政机关,逮捕有犯罪嫌疑的公民;这些人暂时失去了自由,正是为了保持他们的自由于永远[20]。

这是补救拉栖代孟民选长官的虐政和同样专制的威尼斯国家审理官的缺陷的唯一的合理方策。

在一个自由的国家里,每个人都被认为具有自由的精神,都应该由自己来统治自己,所以立法权应该由人民集体享有。然而这在大国是不可能的,在小国也有许多不便,因此人民必须通过他们的代表来做一切他们自己所不能做的事情。

人们对自己的城市的需要比对其他城市的需要,了解得更是清楚;对邻居的才能比对其他同胞的才能,判断起来要正确得多。所以,立法机关的成员不应广泛地从全国人中选举;而应在每一个主要地域由居民选举代表一人。

代表的最大好处,在于他们有能力讨论事情。人民是完全不适宜于讨论事情的。这是民主政治重大困难之一。

已接受选民一般指示的代表不必在每一件事情上再接受特别的指示,像在德意志议会中所实行的那样。事事请示选民,固然会使代表们的发言更能表达国家的声音;但是,这将产生无限的拖延,并使每一个代表都成为其他代表的主人,而且在最紧急的时机,全国的力量可能为一人的任性所阻遏。

悉尼先生[21]说得好,议员们如果是代表人民的一个团体——如在荷兰——的话,他们应对选民负责;如果是代表市邑——如在英国——的话,则是另一回事。

各地区的公民在选举代表时都应该有投票权。但那些社会地位过于

033

卑微，以致被认为没有自己意志的人则除外。

古代的大多数共和国有一个重大的弊病，就是人民有权利通过积极性的、在某种程度上需要予以执行的决议。这是人民完全不能胜任的事情。他们参与政府应当只是选举代表而已，这是十分适合他们的能力的。因为，准确了解别人有多少才能的人虽然为数不多，但是每一个人都能够在大体上知道他所选举的人是否比其他大多数人更为通达事理。

代表机关不是为了通过积极性的决议而选出的，因为这是它所做不好的事；代表机关是为着制定法律或监督它所制定的法律的执行而选出的。这是它能够做得很好的事，而且只有它能够做得好。

在一个国家里，总是有一些人以出身、财富或荣誉著称；不过，如果他们和平民混杂在一起，并且和其他的人一样只有一个投票权，公共的自由将成为对他们的奴役，而且他们不会有保卫这种自由的任何兴趣，因为大多数的决议将会是和他们作对的。所以，他们参与立法的程度应该和他们在国家中所享有的其他利益成正比例。如果他们组成一个团体，有权制止平民的侵犯，正如平民有权制止他们的侵犯一样，这点将能够实现。

因此，贵族团体和由选举产生的代表平民的团体应同时拥有立法权。二者有各自的议会、各自的考虑，也各有自己的见解和利益。

在上述三权中，司法权在某种意义上可以说是不存在的。所余的只有二权了；这二权需要一种权力加以调节，使它们趋于宽和，而立法团体由贵族组成的部分是极适合于产生这种效果的。

贵族的团体应该是世袭的。首先因为它在性质上就是如此。其次，是因为它有强烈的愿望要保持它的特权。这些特权本身就是人们所憎恶的，如果在一个自由国家里，一定会时常处于危险之中。

不过，一种世袭的权力很容易被用来追求私利而忘记平民的利益，所以在人们最想贬损这一权力的事项上，例如关于征收银钱的法案之类，这个世袭权力在立法上应该只有反对权，而不应该有创制权。

我所谓创制权，是指自己制定法令或修改别人所制定的法令的权利。我所谓反对权，是指取消别人所作决议的权利；这是罗马护民官的权力[22]。虽然有否决权的人也就可能有批准权，但是，这种批准只是他不行使否决权的一种表示而已，是从否决权引申出来的。

行政权应该掌握在国王手中，因为政府的这一部门几乎时时需要急速[23]的行动，所以由一个人管理比由几个人管理好些；反之，属于立法权力的事项由许多人处理则比由一个人处理要好些。

如果没有国王，而把行政权赋予一些由立法机关产生的人的话，自由便不再存在了；因为这两种权力便将合而为一，这些相同的人有时候同时掌握这两种权力，而且无论何时都能够同时掌握它们。

如果立法机关长期不集会，自由便不再存在。因为下列二事之一必将发生。一个是，不再有立法机关的决议，以致国家陷于无政府状态；另一个是，这些决议将由行政机关来做，而行政权将要变成专制的。

立法机关时时集会也不必要。这不但对代表不便，而且将过度地占据行政者的时间与精神；行政者将不关心行政而只考虑如何防护它的特权和它所具有的行政权利。

此外，如果立法机关不断地集会的话，那么我们只能用新议员去补死去的议员的缺而已；在这种情形下，如果立法机关一旦腐化，那就不可救药了。倘若立法机关可以改选，则对本届立法机关有意见的人便可有理由寄希望于下一届。反之，倘若同一个立法机关永存不变，则人民

035

一旦看见它腐化了,便不再寄任何希望于它所制定的法律;人民或者将愤怒起来,或者是对它漠然不顾了。

立法机关不应自己召集开会。因为一个团体只有在开了会之后才能被认为具有意志;而且,如果它不是全体都参加会议的话,便有参加会议的一部分和未参加会议的一部分,就说不清哪一部分真正是立法机关了。又如果立法机关有自己闭会的权利的话,它就可能永不闭会。在它想侵犯行政权的时候,这是一件危险的事。此外,立法机关集会的时间,有适宜的,也有不适宜的,所以,行政权应根据它所了解的情况规定会议的召集时间和期限。

如果行政权没有制止立法机关越权行为的权利,立法机关将要变成专制;因为它会把它所能想象到的一切权力都授予自己,而把其余二权毁灭。

但是,立法权不应该对等地有钳制行政权的权利。因为行政权在本质上是有范围的,所以用不到再对它加上什么限制;而且,行政权的行使总是①以需要迅速处理的事情为对象。罗马护民官拥有不当的权力,他们不但可以钳制立法而且可以牵制行政,结果造成极大的弊害。

不过,虽然在一个自由国家中,立法权不应有钳制行政权的权利,但是它却有权利并应该有权利审查它所制定的法律的实施情况;英格兰政府比克里特和拉栖代孟优越的地方,就在于此。克里特的国家评议员和拉栖代孟的民选长官关于他们的施政情况都不必提出报告[24]。

然而,不论是什么样的审查,立法机关不应有权审讯行政者本身,并因而审讯他的行为。他本身应该是神圣不可侵犯的,因为行政者之不

---

① 甲乙本都为"几乎总是"。

可侵犯，对国家防止立法机关趋于专制来说是很必要的，行政者一旦被控告或审讯，自由就完了。

果真这样的话，国家就不是一个君主国，而是一种没有自由的共和国了。但是执政者如果没有坏的辅弼人员的话，他的施政是不会腐败下去的。这种坏的辅弼人员身为臣宰，而憎恨法律，虽然他们作为"人"来说，是受法律保护的。这种坏的臣宰应该受到追究与惩罚。英格兰政府优于尼得的政府的地方就在于此。尼得的法律不许传审民政官①，——即使在他们卸任以后②也是如此，人民所受的冤屈永远得不到伸平。

虽然一般说来司法权不应该同立法权的任何部分结合，但有三种例外，这是根据受审人的私人利益的。

显贵的人容易遭人忌妒；他们如果由平民来审判，就要陷于危险的境地而不能享有一个自由国家最渺小的公民所享有的受同等人裁判的特权。因此，贵族不应该被传唤到国家的普通法院，而应该被传唤到立法机关由贵族组成的那部分去受审。

有时会发生一种情形，就是法律既是明智的又是盲目的，因而在某些场合变得过严。但是我们已经说过，国家的法官不过是法律的代言人，不过是一些呆板的人物，既不能缓和法律的威力，也不能缓和法律的严峻。所以，我们刚刚提到的立法机关的由贵族组成的部分即贵族院，在审判贵族的场合是一个必要的法庭，而在缓和法律威力的场合也是个必要的法庭，即它有最高的权力，为着法律的利益，判处较轻的刑罚，从

---

① 这是人民每年选出的民政官，见伊田·德·拜占庭的著作。
② 在罗马，官吏任期届满后，是可以被控告的，见狄欧尼西乌斯·哈利卡尔拿苏斯《罗马古代史》第9卷中的护民官格奴梯乌斯案。

037

而缓和法律的严峻。

有时会发生另一种情形，就是某个公民在公务上侵犯了人民的权利，而犯了普通法官所不能或不愿惩罚的罪行。但是，一般说来，立法权不能审判案件；尤其在这种特殊的案件里，它所代表的人民就是利害关系的一造，更不能审判了。因此，它只能做原告。但它向谁提出控告呢？它是否要屈尊地向法院提出控告呢？——法院是比它低的机关，而且和它同样是由人民所组成，将要为这样一个有势力的原告的权威所左右。不，它不向法院提出控告，为了保持人民的尊严和被告个人的安全，立法机关代表平民的部分即众议院应向同机关代表贵族的部分即贵族院提出控告，后者和前者既无相同的利益，也无相同的欲望。

这是英格兰政府优于大多数古代共和国的地方；后者的弊病是，人民同时是法官又是控告者。

如上所述，行政应通过它的"反对权"来参与立法；否则，它便将失去它的特权。但是，立法如参与行政，行政也同样要丧失它的权力。

如果国王通过"裁定权"来参与立法，自由就不复存在了。不过，它又必须参与立法以自卫，所以他应当通过"反对权"来参与立法。

罗马政体的变更，就是因为拥有一部分行政权的元老院和拥有另一部分行政权的官吏，都不具有人民所享有的"反对权"。

这就是英格兰的基本政制：立法机关由两部分组成，它们通过相互的反对权彼此钳制，二者全都受行政权的约束，行政权又受立法权的约束。

这三种权力原来应该形成静止或无为状态。不过，事物必然的运动逼使它们前进，因此它们就不能不协调地前进了。

行政权仅能通过"反对权"参与立法，而不能参加立法事项的辩论。它甚至无须提案，因为它既然总是可以不批准决议案，它就能够否决它所不愿意人们提出的议案。

在某些古代共和国中，人民集体讨论国事，行政者同人民一齐提案一齐辩论，那是自然的，否则，诀议一定混乱不堪。

如果行政者有决定国家税收的权力，而不只限于表示同意而已的话，自由就不再存在了，因为这样的行政权力就在立法最重要的关键上成为立法性质的权力了。

如果立法权不是逐年议定国家的税收，而是一次作成永久性的决定，立法权便将有丧失自由的危险，因为如果这样则行政权便将不再依赖立法权了；又行政权既取得这种永久性的权利，则这个权力到底是它所固有的，或是他人授予的，对它就无关紧要了。如果立法权不是逐年议定，而交付给行政权以统率陆海军兵力的权限，乃是一次做出永久性的决定的话，结果也是相同。

为防止行政权的压迫行为，交托给它的军队就应该是由老百姓所组成的，并具有老百姓的精神，像马利乌斯以前的罗马一样。要做到这一点，只有两种方法：一种是，在军队中服役的人要有相当的财产，作为他在行为上应对其他公民负责的保证，服务期间又应以一年为限，像罗马的制度那样[25]；另一种是，在设有常备军而兵士是由国内最卑贱的人充当的场合，立法权应有随时解散军队的权利，兵士应与人民杂居，不另设幕营、兵房和堡垒。

军队一经建立，就不应直接听命于立法机关，而应听命于行政；这是事物的性质决定的，因为军队的事业是行动多于议论的。

人们在思想中总是重勇敢而轻怯懦，重活泼而轻矜慎，重武力而轻谋略。军队总是轻视元老院而敬重军官。他们不重视立法机关的命令，因为他们认为立法机关是一些懦夫组成的，因此不配指挥他们。所以如果军队完全从属于立法机关，那么政府便将立即变成军事性的了。如果不变成军事性的话，那一定是由于某些特殊的情况。例如军队经常是分散的；或是分成许多军团，各军团属于不同的个别省份；或是各主要城市形势险要，便于防守，而无需军队。

荷兰比威尼斯更为安全；它可以淹死叛军，可以饿死叛军。因为叛军所占据的城市不能养活他们，因此生活陷于危殆。

如果在军队由立法机关节制的场合，某些特殊情况防止了政府变成军事性质的话，仍旧不免要遭遇到其他困难：即不是军队毁灭政府，就是政府削弱军队①。

如果是政府削弱了军队，那必然是由于一种十分不可避免的原因所造成的。也就是说，是由于政府本身的弱点产生出来的。

试读塔西佗的伟大著作《日耳曼人的风俗》，就会发现，英国人是从日耳曼人那里吸取了他们的政治体制的观念的②。这种优良的制度是在森林中被发现的。

人世间的一切事物都有一个终结，我们所谈的这个国家也终于有朝一日会失去自由，也会陷于灭亡。罗马、拉栖代孟和迦太基都已灭亡得干干净净了。当立法权比行政权更腐败的时候，这个国家就要灭亡。

探究英国人现在是否享有这种自由，这不是我的事。在我只要说明这种自由已由他们的法律确立起来，这就够了，我不再往前追究。

我无意借此贬抑其他政体，也并非说这种极端的政治自由应当使那些只享有适中自由的人们感到抑郁。我怎能这样说呢？我认为，即使是

---

① 甲乙本没有这一段及下一段。
② 塔西佗在《日耳曼人的风俗》第11章中说："小事问首长，大事问群众；因此平民作主，首长实行。"

最高尚的理智，如果过度了的话，也并非总是值得希求的东西，适中往往比极端更适合于人类。

哈林顿[26]在所著《大洋国》一书中，也曾研究过"一国政制所可能达到的最高度自由"的问题。不过，我们可以说，他只是在误认了自由的真面目之后才去寻找自由的；虽然拜占庭的海岸就在他的眼前，他却建造起卡尔西敦[27]。

第七节　我们所熟悉的君主国

我们所熟悉的一些君主国，不像刚刚谈过的那个君主国那样，以自由为直接目的；它们所追求的不过是公民、国家和君主的光荣。然而，从这种荣誉中却产生出一种自由精神，这种自由精神在这些国家里所能成就的伟大事业和所带来的幸福，并不亚于自由本身。

在这些国家中，三权的划分和建立并非以上述那个国家的政制为模范。每一个国家的权力有它独自的分法，依照这分法，三权都或多或少地接近于政治自由；要不这样的话，君主政体便蜕化为专制政体。

第八节　关于君主政体，古人为什么没有很清楚的概念

古人不知道有以贵族团体为基础的政体，更不知道有以全国代表组成的立法机关为基础的政体。希腊和意大利共和国是一些城邦，各有自己的政府，它们的公民就在自己的城墙内集会。当罗马人兼并所有这些共和国以前，在意大利、高卢、西班牙和德意志，几乎没有一个地方有国王；这些地方，都是些小民族或小共和国；甚至非洲也从属于一个大

共和国；小亚细亚则被希腊居留民所占领。所以那里找不到城市代表的实例，也找不到国家议会的实例；必须到波斯才能看见君主统治的政体。

当时的确有过联邦共和国，几个城市选派代表参加同一个议会。但是我要指出，建立在这种类型的政制上的君主国是不存在的。

我们所熟悉的君主国的最初雏形是这样形成的。大家知道，征服罗马帝国的日耳曼各民族是十分自由的民族。关于这点，只须一读塔西佗的《日耳曼人的风俗》就够了。这些征服者分布到全国各处，他们大都住在乡村，很少住在城市。当他们住在德意志的时候，他们可以召集整个民族的会议，当他们散处在被征服地的时候，便不能再这样做了。但是全民族仍需要像进行征服前那样讨论国事，于是他们通过代表们做这件事情。这就是我们哥特式政体的起源。它起初是贵族政治和君主政体的混合。当时有一种弊病，就是在那里平民都沦为奴隶。但它是一种好的政体，本身具有变成更好的政体的可能性[1]。颁发奴隶释放书状的习惯刚刚形成；而且不久人民的民事上的自由、贵族和僧侣的特权、国王的权力三者之间便形成了一种高度的协调，所以在上述政体的存续期间，我想世界上没有一个政府能够像欧洲各地的政府那样宽和的了。一个征服民族的政体的败坏，竟形成了人类当时所能够想象到的最优良的政体，真是叫人惊奇！

第九节　亚里士多德的想法

亚里士多德在论述君主政体的时候，显然感到困难[2]。他把君主国

---

[1] 在甲乙本，这一句是附注。
[2] 《政治学》，第3卷，第14章。

分为五种；他不是按政制的形式来区分，而是按偶然的事情如君主的品德或邪恶，或者是按外在的事件如暴政之被篡夺或被继承来区分的。

亚里士多德把波斯帝国和拉栖代孟王国都列入君主国内。但是，谁不知道，一个是专制国家另一个是共和国呢？

古人不了解一君统治的政体中三权的分配，所以对君主政体不能够有一个正确的概念。

第十节 其他政治家的想法

为了使一君统治的政体趋于宽和，伊庇鲁斯王阿利巴斯①只想象到共和国。摩洛西人因为不知道怎样限制单一统治者的权力，设立了两个国王②28，这样他们削弱了国家，甚于削弱了统治权力；他们想要的是两个国王彼此竞赛，结果是两个国王互相敌视。

两个国王只在拉栖代孟是可以被容许的；这两个国王并不是政制的全部，而只不过是政制的一部分而已。

第十一节 希腊英雄时代的国王

希腊的英雄时代，曾建立了一种君主国。这种君主国③，仅仅昙花一现而已。那些曾经在技艺上有所发明，为民族进行过战争，收集流散

---

① 见查士丁尼：《世界史纲》，第17卷，第3章。"他是第一个制定法律，设立元老院，每年委任官吏，组织共和国形式的人。"
② 亚里士多德：《政治学》，第5卷，第9章。
③ 同上书，第3卷，第14章。

043

者并分给他们土地的人,便取得了王位并把它传给子孙。这些人是国王,同时也是僧侣和法官。这是亚里士多德[①]所谈的五种君主国之一,而且只有这一种君主国能给我们关于君主政制的观念,但这种政制的结构同我们今天的君主国的结构却是正相背驰的。

在这样的君主国里,三种权力的分配法是:人民握有立法权[②],国王执掌行政权和司法权;而在现代君主国中,君主执掌行政权和立法权(或者至少一部分立法权),但他是不审判的。

在英雄时代的君主政体中,三种权力的分配是很不适当的。这些君主国都不能长久存在,因为人民有立法权,只要他们心思一动,便可把王权消灭,像他们到处所做的那样。

一个自由的民族,享有立法权而闭塞在城市里,城市里一切可厌的东西就变得更加可厌了。对这么一个民族,立法的巧妙处就应该是要懂得把司法权放置在最适当的地方。但是上述政体把司法权放在已经拥有行政权的人们的手中,这是再坏不过的。从那时起,君主成为可怕的人。但同时,由于君主没有立法权,君主又不能保卫自己,免受立法权的侵犯。因此,君主的权力太多而又不足。

希腊人还没有发现,君主真正的职务是任命审判官,而不是自己当审判官。他们的政策却与此背道而驰,以致单人统治的政体发展到了令人不能容忍的程度。他们所有的国王全都被驱逐了。希腊人没有想象到"单人统治的政体"也可能有三权的真正划分;他们只想"数人统治的政体"才有三权的划分,他们把这种政制叫作"普理斯"[③][29]。

[①] 亚里士多德:《政治学》,第3卷,第14章。
[②] 见普卢塔克:《蒂塞乌斯传》,第8章。又见《杜西狄德斯著作集》,第1卷。
[③] 参看亚里士多德:《政治学》,第4卷,第8章。

第十二节　罗马君王的政体及其三权的划分

　　罗马君王们的政体，同希腊英雄时代的君王们的政体是有某些关联的。这种政体的消亡也同其他政体一样，是由于它所存在的一般性的缺点，虽然在政体本身，从它的特殊性质来说，是很好的。

　　为使人们了解这种政体，我将把最初五王的政体、塞尔维乌斯·图里乌斯的政体和塔尔克维纽斯的政体区别开来。

　　王位是由选举产生的；在最初五王时期，元老院享有最多的选举权。

　　在国王死后，元老院便研究是否要保持原有的政体不变。如果它认为要保持原有政体，就由元老院从它的成员中选任一个执行官①，由他选定国王；这个选择须经元老院批准，由人民认可，并由占卜者担保。这三个条件如果缺少一个，就必须另行选举。

　　这种政制具有君主、贵族、平民三种政制的性质。当最初诸朝，权力是非常协调的，既没有嫉妒心，也没有争执。国王统帅军队，主持祭祀；他有权审判民事②和刑事③案件；他召集元老院会议，召集人民开会，将某些事务交付人民审议，并会同元老院决定其他事务④。

　　元老院享有很大的权力。国王们常常选一些元老院议员让他们参加审判，国王们提交人民批准的事务，没有一件不是预先经元老院讨

---

① 狄欧尼西乌斯·哈利卡尔拿苏斯：《罗马古代史》，第2卷，第120页；第4卷，第242—243页。
② 参看狄特·李维《罗马编年史》第1卷所载唐纳吉尔的演讲文和狄欧尼西乌斯·哈利卡尔拿苏斯：《罗马古代史》第4卷第229页所载塞尔维乌斯·图里乌斯的条例。
③ 参看狄欧尼西乌斯·哈利卡尔拿苏斯《罗马古代史》第2卷第118页和第3卷第171页。
④ 杜露斯·霍斯蒂利乌斯令人毁灭阿尔巴，就是根据了元老院的决议。见狄欧尼西乌斯·哈利卡尔拿苏斯：《罗马古代史》，第3卷，第167、172页。

论过的①。

人民有权选举②执行官，批准新的法律；如果国王同意，人民并且有权宣战和媾和。人民却毫无司法权。杜露斯·霍斯蒂利乌斯把贺拉西交付人民审判，是有特殊的理由的，这些理由在狄欧尼西乌斯·哈利卡尔拿苏斯的书③中可以看到。

在塞尔维乌斯·图里乌斯统治时期④，政制改变了。元老院没有参加他的选举；他是使人民宣布他为王的。他放弃了对民事案件⑤的审理，只保留了对刑事案件的审判权。他把一切事情都直接交人民公议，减轻了人民的赋税，而把整个重担放在贵族身上。因此，他越是削弱王权和元老院权威，便越是增强了平民的权力⑥。

塔尔克维纽斯不要元老院也不要人民选他为王。他认为塞尔维乌斯·图里乌斯是一个篡夺者。塔尔克维纽斯夺取了王位，认为这是他世袭的权利；他把大多数元老院议员都杀掉；对残留着的元老院议员，他也不再咨询了，甚至在他审判时也不找他们参加⑦。他的权力增加了，但原已招人憎恶的这个权力变得更让人憎恶了，因为他篡夺了人民的权力。他撇开人民自己制定法律，甚至制定了反对人民的法律⑧。他要把三权集于一身，但是人民一旦想起他们自己曾经是立法者这一事实的时

---

① 狄欧尼西乌斯·哈利卡尔拿苏斯：《罗马古代史》，第4卷，第276页。
② 同上书，第2卷。但是人民不能任命一切职官，因为瓦烈利乌斯·布不利哥拉曾制定一项著名的法律，禁止一切未经人民选举的公民担任任何职务。
③ 狄欧尼西乌斯·哈利卡尔拿苏斯：《罗马古代史》，第3卷，第159页。
④ 同上书，第4卷。
⑤ 狄欧尼西乌斯·哈利卡尔拿苏斯说，他把自己的王权取消了一半。同上书，第4卷，第229页。
⑥ 人们认为，如果他没有被塔尔克维纽斯所阻，他可能已经建立起平民政治。同上书，第4卷，第243页。
⑦ 同上书，第4卷。
⑧ 同上。

候，塔尔克维纽斯也就完了。

第十三节　对于驱逐国王后的罗马国家的总看法

我们总离不开罗马人。今天我们在他们的首都也还是要离开新的宫殿去寻找废墟颓垣；就像骋目于万紫千红的草原的双眼，总爱看看岩石和山陵。

贵族世家一向享有极大的特权。这些门阀在国王们统治时期是非常显赫的，在国王们被逐以后变得更为重要。这就引起了平民的嫉妒，平民便想压制贵族。这种纷争只打击了政制而并没削弱政府，因为，只要官吏们保持住他们的权威的话，那么官吏们出身于哪一家族便是无关紧要的问题了。

像罗马当时这种选举制的君主国，必然需要一个强有力的贵族团体来支持它；否则，它将立即变成暴政或平民政治的国家。但是一个平民政治的国家则不需要家族的显贵来作支柱。因此，在国王时代本来是政制上必要的构成部分的贵族，在执政官时代便成为多余的了；平民就可以压制贵族而不致自遭毁灭，就可以变革政制而不致使政制败坏。

塞尔维乌斯·图里乌斯压制了贵族以后，罗马由国王之手落入平民之手是当然的。但是平民在压制了贵族之后则无需惧怕重新落入国王之手。

一个国家可由两种方式发生变化：一种是由于政制的修改，一种是由于政制的败坏。如果国家保持原则而政制发生变化，那就是政制修改了；如果政制发生变化而国家丧失了原则，那就是政制败坏了。

罗马在驱逐国王以后，按照当时形势本应变成一个民主国。平民已经享有了立法权，因为是平民一致的投票把国王驱逐了的。如果平民不把这种意志坚持到底，塔尔克维纽斯派就随时可以复辟。如果说，平民驱逐国王是为着要受一些家族的奴役，那是不合理的。因此，当时的情势的要求是罗马应成为一个民主国；但是事实上民主政治并没有在罗马出现。所以当时有必要削减贵族的权力，法律有必要倾向于民主政治。

一个国家当不知不觉地由一种政制过渡到另一种政制的时候，往往比单纯地在这一种或那一种政制统治下更为繁荣。因为那时政体的一切动力都很紧张，所有的公民都提出了自己的主张；人们或者是相互攻击或者是彼此结好；而在保卫衰落的政制的人和提倡新政制的人之间则开展着一种高尚的竞争。

第十四节　国王被逐后三权的划分如何开始变化 [30]

四件事情严重地危害了罗马的自由：（一）贵族独占了一切宗教的、政治的、民政的和军事的职位；（二）执政府拥有过大的权力；（三）人民受到欺侮；（四）人民在选举上几乎不发生任何作用。人民所纠正的就是这四种弊端。

（一）人民要求规定：平民可希望充任某些公职。并一步一步地获得担任除摄政官以外的一切公职。

（二）人民解散了执政府而代之以几个官职。他们设立了裁判官[①]，给他们审判私讼案件的权力；他们任命了检察官[②]，以便对公罪

[①] 狄特·李维：《罗马编年史》，第一代史，第6卷。
[②] 拉丁文原名作 Quaestores parricidii（弑亲罪检察官），见旁波尼乌斯：《法律的起源》，第2卷，第23节等。

提出审判；他们设立了市政官，掌理民政；他们设立了财政官①，以管理公共财务；他们设了监察官，给以原属执政官们规定有关公民风尚事项及国家各个不同团体的临时体制的立法权。这样，执政官们的主要特权就剩下主持人民大会②、召开元老院会议和统辖军队了。

（三）"神圣的法律"设立了护民官。他们随时可以制止贵族的计谋，不只防止了对某个人的特殊性的侵害，而且还防止了对公共利益的一般性的侵害。

最后，平民在公共的决议上增大了自己的影响。罗马人民是按照"百人团""族区"和"部落"这三个方式来划分的。他们进行选举时就按照这三种方式的一种召集会议，组织起来。

在第一种方式下，贵族、要人、富人、元老院——这些差不多是一回事——几乎拥有全部权力；在第二种方式下，他们的权力小一些；在第三种方式下，他们的权力更小。

按百人团划分，与其说是人的划分，不如说是门第和财产的划分。全体人民分作一百九十三个百人团③，每团有一票表决权。贵族和要人们组成了开头的九十八个百人团，其余的公民组成另外的九十五个百人团。这样划分的结果，贵族们便成为选举的主人了。

按族区划分时④，贵族就没有同样的好处了。但他们还是有好处的。占卜是必要的事，而司理占卜的是贵族。向人民提出任何建议，都须首先提交元老院，并经元老院通过决议批准。但是按部落划分时，既没有

---

① 普卢塔克：《布不利哥拉传》，第6章。
② 拉丁文原名作 Comitiis centuriatis（百人团人民会议）。
③ 参看狄特·李维：《罗马编年史》，第1卷，第43章；狄欧尼西乌斯·哈利卡尔拿苏斯：《罗马古代史》，第4、7卷。
④ 狄欧尼西乌斯·哈利卡尔拿苏斯：《罗马古代史》，第9卷，第598页。

占卜的问题,也没有元老院决议的问题,贵族被排除了。

人民总是力图把习惯上依百人团召开的会议变成依族区召开的会议;把习惯上依族区召开的会议变成依部落召开的会议。这就使公共事务的处理由贵族手中落入平民之手。

所以当平民获得了审判贵族的权利的时候(这种权利是从科利奥兰奴斯[①]案件开始的),平民主张依部落[②]而不依百人团召开会议进行审判。当人们为着人民的利益设立了护民官和市政官等新官职[③]时,人民争得按族区召开会议来任命这些官吏。当人民的权力巩固了的时候,他们便争得[④]按部落召开会议来任命。

第十五节　罗马如何在共和国极盛时期突然丧失了自由

当贵族和平民进行火热的争议的时候,平民要求制定固定的法律,使人们不再凭一时的意想或专横权力进行审判。元老院在抗拒很久以后,终于同意了。人民任命了十大官来制定这些法律。因为十大官要给几乎不能相容的集团制定法律,所以人们认为应该赋予十大官以巨大的权力。人们停止了一切官吏的任命;并在各"人民会"中选出了十大官作为共和国唯一的执政者。于是十大官具有了执政官的权力和护民官的权力。一种权力给他们以召集元老院会议的权利,另一种权力给他们以召集人民会议的权利;但是他们并没有召开过元老院会议,

---

① 狄欧尼西乌斯·哈利卡尔拿苏斯:《罗马古代史》,第7卷。
② 这是违背以前习惯的,见狄欧尼西乌斯·哈利卡尔拿苏斯:《罗马古代史》,第5卷,第320页。
③ 同上书,第6卷,第410—411页。
④ 同上书,第9卷,第605页。

也并没有召开过人民会议[31]。在共和国内这十个人独占全部的立法权、全部的行政权和全部的司法权。罗马发现自己已屈服在同塔尔克维纽斯时代一样残酷的暴政之下了。当塔尔克维纽斯倒行逆施的时候，罗马对他所篡夺的权力感到愤怒；当十大官倒行逆施的时候，罗马对自己赋予他们的权力感到惊讶。

但这是怎样的一种暴政制度啊！这个暴政制度是由一些单凭民政知识而取得军事和政治权力的人们制造出来的。这些人在当时情况之下，需要公民们在国内怯懦，便于统治，但又需要公民们在国外勇敢，好来保护他们！

维珍妮的父亲，把她作为贞节和自由的牺牲品。她死亡时的悲惨景象使十大官的权力宣告消亡。每个人都自由了，因为每个人都曾经受到了侵害。每个人都成为公民了，因为每个人都感到自己是元老。元老院和人民又恢复了过去所交给可笑的暴君们的那种自由。

罗马人民比其他人民更易于为悲惨景象所激动，鹿克里蒂亚染血的尸体的悲惨景象结束了王权制度。债务人遍体鳞伤，出现于大庭广众之中，便引起了共和体制的变更。目睹维珍妮的死，促使人们驱逐十大官。要把曼利乌斯判刑就必须不让人民观看他曾保卫过的卡比多尔神殿。恺撒沾满了鲜血的长衣，使罗马重新受到奴役。

第十六节 罗马共和国的立法权

在十大官治下，没有可以争执的权利；但是当自由恢复时，人们看到嫉妒又产生了，只要贵族还剩有什么特权，平民就加以剥夺。

如果平民只满足于剥夺贵族的特权而不侵害贵族的公民资格本身

的话，害处还可以少一些。当人民按照族区或百人团召集会议时，元老院议员、贵族和平民都参加了。在争执中，平民争得了一点①，就是不需要贵族和元老院，平民可以单独制定法律，即所谓"平民制定法"；制定这种法律的人民会称为部落人民会。因此在某些场合，贵族②完全不能参与立法③，而服从国家另外的一个团体的立法权。这是自由的狂热。人民为了要建立民主政治，反而破坏了民主政治的原则本身。这样过分的一种权力看来必将毁灭元老院的权力。但是罗马有一些令人赞美的制度，尤其是其中的两种制度：一种调整了人民的立法权，另一种限制了人民的立法权。

监察官和他们以前的执政官④可以说是每五年把人民的整个机构重新组织改建一次；他们对具有立法权力的机关本身也进行立法。西塞罗说："监察官提贝留斯·格拉古不用雄辩的力量，而是说一句话，做个手势，就把脱离奴籍的人放进这个城市的部落中去了；如果他没有这样做，那么我们今天勉强维持着的这样一个共和国早就不存在了。"

另一方面，元老院有权力设立一个独裁官，而把共和国从人民手中剥夺了去；在独裁者面前主权者低头，最平民化的法律⑤也哑然无声了。

---

① 狄欧尼西乌斯·哈利卡尔拿苏斯：《罗马古代史》，第11卷，第725页。
② 依照"神圣的法律"，平民可以不要贵族参加他们的会议而单独制定"平民制定法"。见狄欧尼西乌斯·哈利卡尔拿苏斯：《罗马古代史》，第6卷，第410页；第7卷，第430页。
③ 根据驱逐十大官后制定的法律，贵族须服从"平民制定法"，虽然他们不能参加投票。见狄特·李维：《罗马编年史》，第3卷，第55章及狄欧尼西乌斯·哈利卡尔拿苏斯：《罗马古代史》，第11卷，第725页。这项法律又为独裁官普布里乌斯·菲洛在罗马416年制定的法律所认可。见狄特·李维：《罗马编年史》，第8卷，第12章。
④ 罗马812年，执政官们仍然作人口分级调查，一如狄欧尼西乌斯·哈利卡尔拿苏斯：《罗马古代史》第11卷所说。
⑤ 例如那些准许将一切官吏的命令提请人民公断的法律。

第十七节　罗马共和国的行政权

人民对自己的立法权，是那样多疑善防，但对自己的行政权却不那么在意。他们把行政权几乎完全交给元老院和执政官们；他们几乎只保留了选举官吏以及批准元老院和将军们的行为的权利。

罗马的欲望是发号施令，罗马的野心是征服一切。它过去强取豪夺，这时仍然是强取豪夺。它不断有大的事情发生：不是它的敌人阴谋反对它，就是它阴谋反对它的敌人。

罗马在行动上一面要有英雄的勇敢，一面要有极度的智慧，依据情势，国事不能不由元老院管理了。人民在立法权的各方面都和元老院抗争，因为人民生怕失掉自由。在行政权的各方面他们和元老院没有任何争议，因为人民生怕失掉光荣。

元老院握有极大部分行政权，所以波利比乌斯[①]说，外国人都以为罗马是一个贵族政治的国家。元老院处理国家的财政，并且招人承揽租税的征收；它是同盟国间争执的仲裁者；它决定战争与和平，并在这一方面领导执政官们；它规定罗马军队和盟国军队的数目，把领地和军队分配给执政官或统辖军队的执政官们，并在统辖期满时任命继任者；它决定凯旋的荣典，接受和派遣使节；它册立各盟国的君王，对他们进行奖惩和审判，授予或剥夺他们作为罗马人民同盟者的称号。

执政官们募集他们应率领作战的军队，他们统率陆军或海军，支配各盟国；他们在各领地握有共和国的全部权力；他们允许战败的人民来议和，强迫被征服者接受条件，或把事情提交元老院处理。

---

① 《历史》，第 6 卷。

在早期，当人民在某种程度上参预媾和与战争的时候，他们所行使的与其说是立法权不如说是行政权。他们几乎只是批准国王们和国王制以后的执政官或元老院所做的事情。他们远非战争的决定者，我们看到执政官或元老院往往不顾护民官的反对而进行战争。但是，当人民为繁荣所陶醉时，人民便扩大自己的行政权力。于是，人民自己委派军团将校①，这些将校以前是由将军们任命的；在第一次布匿战争的前夕，人民规定只有他们自己有权宣战②32。

第十八节　罗马政府中的司法权

司法权曾经被赋予人民、元老院、官吏和某一些法官。我们应该看一看这种权力是如何分配的。我从民事案件说起。

国王被逐后，执政官们③掌理司法，继执政官之后，由裁判官们掌理司法。塞尔维乌斯·图里乌斯放弃了民事案件的审判权，而执政官们除了极少的案件④而外，也不审理民事案件，——由于这个缘故，人们称这类极少的案件为"非常案件"⑤——执政官们满足于仅仅任命法官

---

① 罗马444年事，见狄特·李维：《罗马编年史》，第一代史，第9卷，第30章。因为对波斯的战争已有危险迹象，所以元老院决议停止这项法律的行使，并得到人民的认可。见狄特·李维：《罗马编年史》，第五代史，第2卷（第42卷，第31章）。
② 佛兰舍谬斯说，人民从元老院夺得了宣战权。见狄特·李维：《罗马编年史》，第二代史，第6卷。
③ 毫无疑义，在还没有设立"裁判官"之前，执政官们曾经审理民事案件。见狄特·李维：《罗马编年史》，第一代史，第2卷，第1章；狄欧尼乌斯·哈利卡尔拿苏斯：《罗马古代史》，第10卷，第627、645页。
④ 护民官们常常单独进行审判，使他们受人嫌恶的莫过于此。参看狄欧尼西乌斯·哈利卡尔拿苏斯：《罗马古代史》，第11卷，第709页。
⑤ 拉丁文作 Judicia extraordinaria。见《法制》第4卷。

和组织掌理审判的法庭。从《狄欧尼西乌斯·哈利卡尔拿苏斯全集》中所载①阿比乌斯·格老狄乌斯的演说去看，好像从罗马259年起，这已被罗马人视为既定的习惯；人们把它回溯到塞尔维乌斯·图里乌斯时代，它并不太古。

每年大裁判官造一份名单或表册②，把他所选定在他任职年内担任法官职务的人员提出。每一个案件，人们就从这个名单或表册中选派相当名额的法官审理。这和今天英国的做法差不多一样。这对于自由是很有利的③，因为大裁判官所选定的法官是经过当事人同意的④，今天在英国诉讼人在极多的场合可以申请法官回避，这和罗马这个习惯差不多一样。

这些法官只裁决事实问题⑤，例如某一笔款是否已还清；人们是否曾经做过某一行为这类问题。但是关于法律问题⑥，因为它们要求一定的裁判能力，所以由"十人裁判所"审理⑦。

国王们保留对刑事案件的审判。执政官们继承了这种职务。执政官布鲁图斯就是根据这种权力把他的子女和塔尔克维纽斯派的阴谋者们处死。这项权力是过分的。执政官们已经有军事的权力，他们就把这种权

---

① 第6卷第360页。
② 拉丁文作 Album Judicium。
③ 西塞罗《为格路恩西欧辩护》第43章说："我们的祖先不但不愿意未经当事人同意的人担任法官审理有关公民名誉的案件，而且就是最微小的金钱案件也是如此。"
④ 参看塞尔维法、哥尼利法及其他法律的断篇内所载这些法律对它们所规定应该惩罚的犯罪，如何委派法官。这些法官通常是用选择方法委派的，有时用抽签方法，或用抽签和选择相混合的方法。
⑤ 塞内加：《论恩惠》，第3卷，第7章结尾。
⑥ 见昆蒂莲：《雄辩论原理》，第4卷，第54页，1541年巴黎版。
⑦ 旁波尼乌斯：《法律的起源》，第2卷，第24节。审判由叫做十人裁判所的法官们主持；但一切由大裁判官一人指挥。

055

力施展到民政上去；他们的审判并没有司法的形式，与其说是裁判，毋宁说是暴力行为。

于是便产生了瓦烈利法。这项法律许可把执政官们危害公民生命的一切命令提请人民公断。执政官们除了依据民意而外，再也不能对一个罗马公民宣告死刑了①。

在塔尔克维纽斯派第一次阴谋复辟的时候，人们看到执政官布鲁图斯审判了罪犯。在第二次阴谋的时候，便召集元老院和人民会进行审判②。

被称为神圣的那些法律，给平民设立了护民官。护民官们组成了一个机构，这个机构开头曾有无限的要求。平民提出要求时的放纵粗暴，元老院许与时的宽松轻易，二者不相上下。过去瓦烈利法曾准许提请人民公断，该法所谓人民便包括着元老院议员、贵族和平民。到这时，平民则规定，请求公断要向他们提出。不久，平民能否审判贵族的问题便发生了，成为一个争论的题目。这个争论由科利奥兰奴斯案产生，并随着该案而结束。护民官在人民面前控告科利奥兰奴斯。科利奥兰奴斯违背瓦烈利法的精神，主张说他是贵族，只能由执政官们审判。平民违背同一法律的精神，主张科利奥兰奴斯只能由平民审判；在本案汇中，最终由平民对科利奥兰奴斯进行了审判。

十二铜表法改变了这个情况。该法规定，凡涉及一个公民的生死问题时，只能在人民大会③上作出决定。因此，平民团体或是和它同性质的，

---

① "因为关于罗马公民的死刑，没有罗马人民的同意，执政官们不得宣布任何法令。"见旁波尼乌斯《法律的起源》，第2卷，第6卷等。
② 狄欧尼西乌斯·哈利卡尔拿苏斯：《罗马古代史》，第5卷，第322页。
③ 即按照百人团的划分而召开的人民会。曼利乌斯·加必多利奴斯也是在这些人民会里受审的。见狄特·李维：《罗马编年史》，第一代史，第6卷，第20章。

按照部落的划分而召开的人民会,将只能审判仅仅科处罚金的犯罪。判处死刑需要的是"法律",科处罚金,则只需要"平民制定法"。

十二铜表法的这个规定是非常明智的,它在平民机构和元老院之间建立了一种美好的协调。因为二者的管辖范围既取决于处罚的轻重和犯罪的性质,那么彼此就必须共同协商了。

瓦烈利法清除了罗马政府中一切和希腊英雄时代的君王们的政府有关联的制度的残余。执政官们已不再具有惩罚犯罪的权力了。虽然一切犯罪都是"公"的性质,但是必须把那些对公民彼此间的利害关系较大的犯罪和那些在国家与公民的关系上对国家利害关系较大的犯罪,区别开来。前一种犯罪叫做"私罪",后一种犯罪叫做"公罪"。公罪由人民亲自审判;如果是私罪,则人民对每一个案件特别任命一个检察官,进行追诉。人民经常从官吏中选派这个检察官,但有时也选派平民来担任。这种检察官即所谓公罪[1]检察官。十二铜表法提到过这种检察官[2]。

检察官任命所谓主任法官;主任法官则依抽签方式选定其他各法官,组织法庭,主持审判[3]。

在这里最好也指出元老院如何参加检察官的任命事项;这样,人们可以看见在这件事情上各方权力如何得到平衡。有时候元老院任命一个独裁官,执行检察官的职务[4];有时候元老院命令由护民官召集人民开

---

[1] 原文 Parricide,指的是杀父、杀亲人、杀所谓有"神圣"身份的人,以及叛国等重大罪行。——译者
[2] 旁波尼乌斯在《法律的起源》汇编第2卷里说的。
[3] 见乌尔边断篇;里头又提到哥尼利法的另一个断篇。乌尔边断篇载《摩西律例与罗马法校勘录》第1项"暗杀与杀人"。
[4] 尤其是对意大利发生的犯罪案采用这种做法;意大利主要受元老院的监督。见狄特·李维:《罗马编年史》,第一代史,第9卷,第26章"加布亚的阴谋"。

会任命检察官①；有时候人民委派一个官吏向元老院作关于某一罪行的报告，并要求元老院任命一个检察官，这在狄特·李维的著作中②路西乌斯·斯基比欧的审判案③里可以看到。

罗马604年，上述各种临时性的任命一部分变成永久性的任命④。人们逐渐地把所有刑事的事件分为不同的部类，即分为不同的"永久性的问题"。又设立了不同的大裁判官，每人分掌一类问题。大裁判官在一年期间有权力审判和这类问题有关的犯罪。任满后，他们便出任领地的长官。

在迦太基，百人元老院是由终身任职的法官们所组成的⑤。但在罗马，大裁判官的任期是一年；其他法官的任期甚至还不到一年，因为他们是有案子才选派的。在本章第六节人们已经看到，在某些政府中，这项规定对于自由是如何有利。

在格拉古兄弟当政之前，法官们是从元老院议员中选任的。提贝留斯·格拉古[33]则命令规定从骑士即第二等公民中选任法官。这是一个很大的变化，所以该护民官自夸说，他单只提出一个法律案就斩断了元老院议员们的神经。

应该指出，三权可以依据同政制的自由的关系分配得很好，虽然在同公民的自由的关系上就不能分配得那么好。在罗马，人民握有最大部分的立法权力；又握有行政权力的一部分和司法权力的一部分。这是

---

① 罗马340年，卜斯杜谬斯死亡案追诉时就是这样做的。见狄特·李维：《罗马编年史》，第4卷，第1章。
② 同上书，第8卷。
③ 这案是在罗马567年判决的。
④ 西塞罗：《布路多》。
⑤ 狄特·李维《罗马编年史》第33卷证明了这点。他说，汉尼拔把他们的任期改为一年。

一个巨大的权力,需要有另一种权力来和它相抗衡。元老院虽握有相当大的一部分行政权力和立法权力的某一方面[①],但这不足以和人民相抗衡。元老院必须参与司法权。当法官们由元老院议员选任时,它是有一部分司法权的。当格拉古兄弟剥夺了元老院议员的司法权力时[②],元老院就不能再抵抗人民了。他们侵害了政制的自由,为的是要维护公民的自由;但是公民的自由却和政制的自由一起消亡了。

结果便产生了无数的弊害。当内乱方酣,几乎没有政制存在的时候,人们把政制改变了。骑士们已不再是联系人民与元老院的中间阶级;政制的链条被打断了。

那时甚至有一些特殊的理由阻碍着审判工作转入骑士们之手。罗马政制的基础原则是:要当兵就要有相当的财产,以便在行为上向共和国负责。骑士们作为最有钱的人,组成了罗马的"军团"的骑兵。当他们的威望增高的时候,他们就不愿再在这种部队中服务了。因此就不能不募集另一种骑兵了。马利乌斯就把无论什么人[③]都征募入"军团"当兵,而共和国也很快灭亡了。

此外,骑士是共和国的租税包收人。他们是贪得无厌的;他们在灾难中播种灾难;他们在社会贫困中制造社会贫困。绝不应给这种人司法的权力;反之,他们应不断受到法官们的监视。我们应当谈这点来夸扬法兰西的古代法律;它们对于事务人员的不信任就和对敌人的不信任一样。当罗马的租税包收人掌理审判的时候,道德、民政、法律、官职和

[①] 元老院法案就是不经人民批准,仍旧有一年间的效力。见狄欧尼西乌斯·哈利卡尔拿苏斯:《罗马古代史》,第9卷,第595页;第11卷,第735页。
[②] 在630年。
[③] "无田宅的贫民"。见撒路斯特:《尤古尔塔战役》,第84章。

官吏,这一切就全都完了。

关于这点,狄奥都露斯·西库露斯和狄欧著作的一些断篇中有十分率真的描述。狄奥都露斯说[①],"穆蒂乌斯·斯开沃拉想要恢复古代的风俗并依靠自己的财产过俭省而正直的生活[34]。因为他的前任诸人和当时在罗马掌理审判的租税包收人勾结在一起,所以他的前任诸人各使领地充满了各种的犯罪。但是斯开沃拉恰如其分地对待这些租税包收人,把那些投他人入狱的人投进了监狱。"

狄欧[②]告诉我们,他的副官普布里乌斯·路蒂利乌斯同样为骑士们所厌恶;所以当他回国时,骑士们便控告他曾接受贿赂,因而被判处罚金。他立即变卖了他的财产。人们发现他的财产比人们控告他盗窃的财产要少得多,这时他的洁白无罪已很明显;他并且提出了他的财产的各项所有权证书。他不愿再留在这个城里,和这类的人们在一起。

狄奥都露斯又说[③],"意大利人在西西里买了大批的奴隶来耕种他们的田地,并照管他们的牲畜;但却不给他们食物。这些可怜的人被迫以长矛和棍棒武装自己,穿着兽皮,四周有大狗随伴,到大路上去抢劫。整个领地都受到蹂躏。当地的人,除了在城郭内的东西而外,不能说有属于自己的东西。没有总督也没有大裁判官能够或愿意反对这种混乱,或敢于惩罚这些奴隶,因为这些奴隶是罗马掌理审判的骑士们的奴隶。"[④]但这正是奴隶战争原因之一。我只要说一句话,就是:骑士这

---

① 断篇第36卷,载君士坦丁·保尔菲罗折尼都斯《品德与邪恶》内。
② 狄欧所著历史的断篇,载《道德与邪恶选录》内。
③ 断篇第34卷,载《道德与邪恶选录》内。
④ "行政长官和副执政官的案件,在罗马举行审判,用拈阄的方法从骑士级内抽选审判官,而且是在他们任领地总督期满以后才向他们宣布开审日期的。"

一行业的人，唯利是图，经常向别人提出要求，而别人却不能向他们要求任何东西。他们冷酷无情，使富人穷困，穷人更穷；这行业的人不应当在罗马掌理审判权。

第十九节　罗马各领地的政府

　　三种权力在罗马分布的情形就是如此。但在各领地则远非如此。在中央是自由的，在边疆则施行着暴政。

　　当罗马只统治意大利时，各地人民是作为联盟者被治理的。每个共和国的法律都为人们所遵行。但是当罗马征服更多地方时，元老院不能直接监督各领地，驻在罗马的官吏就不可能治理这个帝国了。这时候，就不能不派遣大裁判官和总督到各领地去。那么，三种权力的这种协调就不再存在了。派出去的官吏拥有一种权力；这种权力是罗马一切职位的权力的综合。我说的是，甚至有元老院的权力，有人民的权力[①]。他们是专制的官吏，十分适宜于派往遥远地区。他们施行三权，虽在罗马共和国，却无异于土耳其的总督。——如果我可以使用这个名词的话。

　　我们在别的地方已经说过[②]，这些人在共和国内，由于事物性质的关系，是兼有文职和武职的。因此，当共和国进行征服时，几乎就不可能推行共和政体，并依照共和政制的形式统治被征服地。

　　而且，在实际上，它派去治理被征服国的官吏既然拥有民政的和军事的行政权力，他也就很有必要拥有立法的权力，因为除他以外谁能制定法律呢？他也必须有司法权力，因为谁能离开他而独自进行审判呢？

---

① 他们到达各领地时就颁布自己的法令。
② 第5章，第19节，并参看第2、3、4、5各章。

因此，共和国所派遣的总督就必须拥有三权，像罗马各领地的总督一样。

君主国比较容易推行自己的政体，因为它所派遣出去的官吏有的拥有民政的行政权，有的拥有军事的行政权；这样便不能产生专制主义。

罗马公民只能受人民的审判，这对罗马公民是一项有重大意义的特权。没有这个特权的话，在各领地里，罗马公民就要屈服于总督或大裁判官的专横权力之下。这种暴政，罗马是完全感觉不到的，因为这种暴政只施行于被征服的民族。

因此，在罗马的世界里，同在拉栖代孟一样，自由的人极端自由，当奴隶的人受到极端的奴役。

当公民纳税的时候，征税的办法是非常公道的。人们沿用塞尔维乌斯·图里乌斯的税例，即依据财富的多寡把所有的公民划分为六级，并按每个公民在政府所负责任大小的比例规定税额。结果，声望大，便受高额税的苦恼；声望小，便得到少额税的安慰。

还有一件令人叹羡的事情，就是：塞尔维乌斯·图里乌斯的等级划分可以说是政制的基本原则；因此，征税上的公平和政体的基本原则连结在一起，不可能取消征税的公平而不取消政体的基本原则。

但是当罗马纳税可以随意，或是根本就完全不纳税的时候①，各领地却正遭受骑士们的蹂躏，骑士们那时是共和国的租税包收人。我们已经谈到他们扰乱人民的事情；这种事情充满了史册。

米特里达特说②："整个亚洲等待着我做它的解放者。总督们的掠

---

① 征服了马其顿后，罗马便停止纳税了。
② 这段演说引自特洛古斯·庞培忧斯《世界史》，查士丁尼《世界史纲》第37卷第4章中也谈及。

夺①，事务人员的勒索②，审判中的诬陷35，激起了人们对罗马人无比的仇恨。③"

各个领地的力量为什么丝毫没有增加共和国的力量，反而削弱了它，原因就在这里。各个领地把罗马自由的丧失看作是自己自由的新纪元的建立，原因就在这里。

第二十节　本章结语

我愿意研究我们所知道的一切宽和政体三权分布的情况，并根据它来计算其中每一种政体所能够享有的自由的程度。但是探究一个题目不应穷源尽委到了不留任何事情给读者做。问题不应该是让人去阅读，而应该是让人去思考。

---

① 见《反维烈斯演说》。
② 原文 les exactions（勒索），甲乙本作 les exécutions（执行、债务的强制执行）。
③ 人们知道瓦露斯法庭是怎样的一个法庭，它激起了日耳曼人的叛乱。

第十二章 建立政治自由的法律和公民的关系

第一节 本章大意

关于政治自由,我们已经从它和政制的关系加以论述,这是不够的。我们还应从它和公民的关系去考察。

我已经说过,在前一种场合,政治自由是通过三权的某种分野而建立的。但是在后一种场合,就应该用另一种目光加以考虑。政治自由的关键在于人们有安全,或是人们认为自己享有安全。

我们可能遇到两种情况,就是政制是自由的,而公民却毫无自由;或是,公民是自由的,而政制却毫无自由可言。这两种情况:一种是政制在法律上是自由的,而事实上不自由;另一种是公民在事实上自由,而在法律上不自由。

在自由和政制的关系上,建立自由的仅仅是法律,甚至仅仅是基本的法律。但是在自由和公民的关系上,风俗、规矩和惯例,都能够产生自由,而且某些民事法规也可能有利于自由,这在本章即将看到。

此外,在大多数的国家中,自由所受到的束缚、侵犯或摧残往往超过宪法所规定的范围,所以还是应该谈谈特别法,因为特别法在每种政制下,对每个国家所可能接受的自由原则,能够起支持作用,也能够起摧残作用。

第二节　公民的自由

哲学上的自由，是要能够行使自己的意志，或者，至少（如果应从所有的体系来说的话）自己相信是在行使自己的意志。政治的自由是要有安全，或是至少自己相信有安全。

这种安全从来没有比在公的或私的控告时受到的威胁更大的了。因此公民的自由主要依靠良好的刑法。

在过去，刑法并不是一刹那之间就达到了完善的境地的。甚至在那些人们最追求过自由的地方，人们也并未立即就找到它。亚里士多德①告诉我们，在丘麦，控告人的父母可以当证人。在罗马君王的时代，法律极不完善，以致塞尔维乌斯·图里乌斯竟亲自把安库斯·马尔蒂乌斯的子女判刑。这些子女被告暗杀国王——他的岳父②。在法兰西初期各王时代，格罗大利乌斯制定了一项法律③，规定被告非经审讯不得判罪。这证明曾经有过某些案件做法与此相反，或是某些野蛮人民的做法与此相反。卡龙达斯开创了对于伪证的审判④。当公民的无辜得不到保证，自由也就没有保证。

关于刑事审判所应遵守的最稳妥的规则，人们在某些国家已获得的知识以及将来在其他国家所将获得的知识，比世界上任何东西都使人类

---
① 《政治学》，第2卷，第8章。
② 塔尔克维纽斯·普利斯库斯。见狄欧尼西乌斯·哈利卡尔拿苏斯：《罗马古代史》，第4卷。
③ 560年。
④ 亚里士多德：《政治学》，第2卷，第12章。卡龙达斯在第84个"奥林匹斯年纪"期内在杜留姆提出他的法律。

065

感到关切。

只有在这些知识的实践基础上才有可能建立起自由来。在这方面具有最好法律的国家里，就是一个被控告并将在明天绞决的人，也比一个土耳其的高官还要自由些。

第三节　续前

单凭一个证人作证，就可把一个人处死的法律，对自由的危害是极大的。依据理性的要求，就应该有两个证人，因为一个证人肯定犯罪，被告加以否认，双方各执一词，所以需要一个第三者出来解决。

希腊人和罗马人①要求在定罪时要多一票[36]。我们法兰西的法律则要求多两票[37]。希腊人宣称，他们的惯例是神明所建立的②，但这是我们的惯例。

第四节　依犯罪的性质量刑有利于自由

如果刑法的每一种刑罚都是依据犯罪的特殊性质去规定的话，便是自由的胜利。一切专断停止了，刑罚不是依据立法者一时的意念，而是依据事物的性质产生出来的；这样，刑罚就不是人对人的暴行了。

犯罪有四个种类：第一种危害宗教，第二种危害风俗，第三种危害公民的安宁，第四种危害公民的安全。应该按照各类犯罪的性质规定所应科处的刑罚。

---

① 狄欧尼西乌斯·哈利卡尔拿苏斯：《罗马古代史》，第7卷，关于科利奥兰奴斯的审判。
② 拉丁原文："智慧女神的主意。"

关系宗教的犯罪，我指的只是直接侵犯宗教的犯罪，如一切单纯的亵渎神圣罪[38]之类。因为那些搅扰宗教的奉行的犯罪，是属于危害公民安宁或公民安全性质的，应该归入危害公民安宁或公民安全的种类内。

如果按照事物的性质处罚亵渎神圣罪①，则对该罪的刑罚应为：剥夺宗教所给予的一切利益，如驱逐出庙宇；暂时或永久禁止与信徒来往；避开罪犯，不和他们见面；唾弃、憎厌、诅咒他们[39]。

在危害国家的安宁或安全的事件里，秘密的行动是属于人类司法管理的范围的。但是在那些侵犯神明的事件里，只要没有什么公开的行动，则不发生犯罪的问题；在那里，一切属于人与上帝间的事，上帝知道应当在什么时候给以怎样的刑罚。如果官吏把二者混淆起来，也要去查察秘密的亵渎神明的行为的话，他便是要查察一种不需要查察的行为。他摧毁了公民的自由；他使懦夫和勇士都一样热心地起来和公民作对。

弊害就是从"应该为上帝复仇"这个思想来的，但是我们应该荣耀神明，而不应为他复仇。实际上，如果人们按照为上帝复仇的思想行动的话，刑罚能有穷尽吗？如果人类的法律要去为一个"无穷无尽的存在物"复仇的话，则人类的法律就应该以它那无穷无尽的性格为指导，而不是以人性的弱点②、无知和善变为指导。

普洛温斯有一位史家③谈了一件事实。这件事实很好地给我们描绘出，为神明复仇这个思想能够在精神软弱的人身上产生如何的效果。一个犹太人被控告亵渎了圣母，被判处剥皮刑。有一些戴上假面具的骑士，

---

① 圣路易制定了极严峻的法律，惩治立誓的人。所以教皇认为有必要加以劝阻。这位国君便不那样过火了，他的法律也宽和了。见该君敕令。
② 甲本无"弱点"二字。
③ 布结烈尔神父。

067

持刀走上刑台，赶走了执刑人，以便亲自为圣母的荣誉复仇。……我不愿预言读者的想法。

第二类是违反风俗的犯罪，例如破坏公众有关男女道德的禁例或个人的贞操，亦即破坏有关如何享受感官使用①的快乐与两性结合的快乐的体制。这类犯罪也应该按照事物的性质加以规定。剥夺犯罪人享受社会所给予遵守纯洁风俗的人们的好处、科以罚金、给以羞辱、强迫他藏匿、公开剥夺他的公权、驱逐他出城或使他与社会隔绝，以及一切属于轻罪裁判的刑罚，已足以消除两性间的鲁莽行为。实际上，这类犯罪从它所以产生的原因来说，是存心作恶者少，而出于忘其所以或不知自重者多。

这里谈的是纯粹关于风俗的犯罪，而不是那些危害公共安全的犯罪，如略诱与强奸之类，那是属于第四类。

第三类是那些危害公民的安宁的犯罪；这类犯罪的刑罚应依事物的性质规定，并应采取有利于公民的安宁的形式，例如监禁、放逐、矫正惩戒及其他刑罚，使那些不安分子回头，重新回到既定的秩序里来。

关于违反安宁罪，我指的只是单纯的违警事件而已。因为那些搅扰安宁同时又危害安全的犯罪应该放进第四类。

末后一类犯罪的刑罚就是真正的所谓"刑"，是一种"报复刑"，即社会对一个剥夺或企图剥夺他人安全的公民，拒绝给予安全。这种刑罚是从事物的性质产生出来的，是从理性和善恶的本源引申出来的。一个公民应该处死，是因为他侵犯他人的安全到了使人丧失生命的程度，

---

① 甲本无"感官使用"等字。

或是因为企图剥夺别人的生命。死刑就像是病态社会的药剂。侵犯财产的安全也可以有理由处以极刑，但是对危害财产安全的犯罪以丧失财产作为刑罚不但好些，而且也较适合于犯罪的性质。如果大家的财产是公共的或是平等的，就更应当如此。但是，由于侵犯财产的人常常是那些自己什么财产也没有的人，因此就不能不用体刑作为罚金的补充。

我所说的一切是从性质上去探求的，是极有利于公民的自由的。

第五节　某些控告要特别和缓、审慎

有一条重要的准则，就是：对"邪术"和"异端"的追诉，要非常慎重。这两种犯罪的控告可以极端地危害自由，可以成为无穷尽的暴政的泉源，如果立法者不知对这种控告加以限制的话。因为这种控告不是直接指控一个公民的行为，而多半是以人们对这个公民的性格的看法作根据，提出控告，所以人民越无知，这种控告便越危险。因此，一个公民便无时不在危险之中了，因为世界上最好的行为，最纯洁的道德，尽一切的本分，并不能保证一个人不受到犯这些罪的嫌疑。

马奴哀尔·孔尼奴斯朝时，"抗议者"[1]被控告阴谋反对这个皇帝，被控告利用某些秘术使人眼睛失明，以达到这个目的。这个皇帝的传记[2]说，阿伦在读所罗门的一本书时被侦获；读这本书就能叫魔鬼军出现。当人们认为邪术是一种能够把魔鬼武装起来的权力，并由这个想法出发的时候，人们就把他们认为是邪术士的人看做世界上最能够搅乱和颠覆社会的人，因而愿意施以无限度的刑罚。

---

[1] 尼塞达斯：《马奴哀尔·孔尼奴斯传》，第4卷。
[2] 同上。

当人们认为邪术有能力摧毁宗教的时候，人们的愤怒便更增加了。君士坦丁堡的历史①告诉我们，有一个主教受到神的启示说，因为某一私人的邪术的缘故，一个神迹停止了，这个人和他的儿子便被处死刑。要有多少不可思议的事情做这项犯罪的依据呢？要有：神的启示不是什么稀罕的事；这位主教受到了这么一个启示；这个启示是真实的；有一个神迹；神迹停止了；有邪术这种事；邪术能够推翻宗教；这个人是个邪术士；末后一点，他做了这项邪术的行为。

梯欧多露斯·拉斯加露斯帝把他的病归咎于邪术。被控告犯有邪术罪的人只有一个方法证明自己无罪，就是手拿热铁而不烧伤。因此在希腊，要证明自己没有犯邪术罪，就必须先成为一个邪术士。希腊人用最不确切的证据加诸最不确定的犯罪，真是愚蠢之至！

高身菲利普朝时，犹太人因被控告用麻风病人去毒化泉水，而被驱逐出法兰西。这种荒谬绝伦的控告应该很使我们怀疑一切基于公众仇恨的控告是否属实。

在这里，我没有说绝对不应惩罚异端；我说的是，在惩罚这种犯罪时要非常谨慎。

第六节　男色罪

这是一种宗教、道德和政治同样不断谴责的犯罪。我绝对没有意思去减轻公众对它的嫌恶。这种犯罪把两性一方的弱点给予另一方，以可耻的幼年去为不名誉的老年作准备，仅仅这点，就应该加以禁止了。我

---

① 梯奥非拉克都斯：《玛乌列斯帝传》，第11章。

这里所要说的将不能去掉这种犯罪的一切丑秽；而是要反对由于滥用人们对于这种犯罪应有的憎恶而产生的横暴。

这种犯罪属于隐秘性质，因此时常看到，立法者们单凭一个小孩的口供就施用刑罚。这就给诬告大开方便之门。普罗哥比乌斯说[①]："查士丁尼公布了一项惩治这种犯罪的法律，要人搜查这类罪犯，不但要追究该法制定后的罪犯而且也要追究该法制定前的罪犯。一个证人的口供，有时是一个儿童的口供，有时是一个奴隶的口供，就足以判罪，对富人和青年乱党尤其如此。"

邪术、异端和男色这三种罪，第一种可以证明并不存在；第二种可以有无数的差别、解释和限制，第三种通常是暧昧的；而在我们却都要处以火刑，真是咄咄怪事。

我认为，这种违反自然的犯罪，如果没有在其他方面受到某种特殊风俗的推动，在社会中是绝对不会有大的发展的。所谓特殊风俗，有如在希腊，青年做一切运动时都要裸体；有如在我们之间家庭教育已经废弛[40]；有如在亚洲某些人拥有无数他们瞧不起的妇女，而别的人一个妇女也得不着。让我们不要替这种犯罪准备条件吧！让我们用明确的治安法规加以禁止，像对一切违反风俗的行为一样吧！我们将立刻看到，大自然将要防卫它的权利，或恢复它的权利。温柔、可爱、娇媚的大自然，以它那慷慨的手散布着欢悦，在使我们充满快乐的同时，给予我们子女，宛若使我们重生；就这样给我们准备了比这些快乐本身更大的满足。

[①] 普罗哥比乌斯：《秘史》。

071

第七节 大逆罪

中国的法律规定，任何人对皇帝不敬就要处死刑。因为法律没有明确规定什么叫不敬，所以任何事情都可拿来作借口去剥夺任何人的生命，去灭绝任何家族。

有两个编辑邸报的人，因为关于某一事件所述情况失实，人们便说在朝廷的邸报上撒谎就是对朝廷的不敬，二人就被处死①。有一个亲王由于疏忽，在有朱批的上谕上面记上几个字，人们便断定这是对皇帝不敬，这就使他的家族受到史无前例的可怖的迫害②。

如果大逆罪含义不明，便足以使一个政府堕落到专制主义中去，这点我在"法律的制定"一章中将详加讨论。

第八节 亵渎神圣和大逆两罪名的滥用

把大逆罪名加于非大逆的行为，又是一种极大的流弊。罗马的皇帝们③有一条法律规定，凡是对君主的判决表示异议或对君主所任用的人的才能有所怀疑，则以亵渎神圣罪进行追诉④。这个罪名无疑是内阁和宠臣们创立的。另一条法律宣布，谋害君主的大臣和官吏就像谋害君主

---

① 杜亚尔德：《中华帝国志》，第1卷，第43页。
② 巴多明神父信，载《耶稣会士书简集》。
③ 格拉蒂安、瓦连提尼耶诺斯和提奥多西乌斯三帝。这是"亵渎神圣罪"法典的第三条法律。
④ "怀疑皇帝所选择的人是否称职，是亵渎神圣罪。"这条法律曾成为罗加法律（《那不勒斯宪法》第4篇）的典范。

本身，是大逆罪①。我们从两位君主②看到这条法律。这两位君主的懦弱在历史上是有名的。他们的臣宰牵着他们走就像牧人带领羊群一样。这两个君主在宫中是奴隶，在枢密院是孩童，在军队中是陌生人。他们所以能够保存帝国，只是因为他们天天把帝国断送掉。这些宠臣中有一些人阴谋反对他们的皇帝。他们所做的并不止此；他们甚至阴谋颠覆帝国，把野蛮人引入帝国来。当要阻止他们的时候，国家衰弱至极，以致人们不能不违犯宠臣们所定的法律，冒着犯大逆罪的危险，来惩治这些宠臣。

但是德·珊马尔先生一案的审判，"报告官"③所依据的却是这条法律。他要证明德·珊马尔打算驱逐红衣主教李索留，使他不能参与国事，是犯了大逆罪的时候说："这种犯罪触犯君主的臣宰的人身，由皇帝们的宪法看来，则和触犯君主们的人身是一样严重的。一个大臣很好地为他的君主和他的国家效劳。把他从君主和国家剥夺了去，则无异剥夺君主一只手臂④，剥夺国家一部分权力。"当卑屈到了极点的时候，不可能有另外的说法了。

瓦连提尼耶诺斯、提奥多西乌斯和阿加底乌斯还有另一条法律⑤，宣布伪造货币为大逆罪，这不是把事物的概念混淆了么？对另外一种犯罪也加上大逆的罪名，不是减少了大逆罪的可怖性么？

---

① 《茹利安法典》，第9卷，第8篇，第5条。
② 阿加底乌斯和火诺利乌斯。
③ 孟特烈佐尔：《回忆录》，1723年柯龙版，第1卷，第238页。
④ "因为属于我们身体的一部分。"《茹利安法典》内同一条法律。
⑤ 《提奥多西乌斯法典》第9条"关于伪造货币"。

073

第九节　续前

鲍利奴斯上书亚历山大帝[41]说，他准备对一个曾经违背他的敕令宣判的法官，按大逆罪进行追诉；皇帝回答他说："像他所处的世代，间接的大逆罪是绝对不会发生的。"[①]

浮士蒂尼安上书给同一皇帝说，他曾以君主的生命发誓，永不饶恕君主的一个奴隶，他觉得自己不得不永久愠怒，否则他将犯大逆罪。皇帝回答说："你的恐惧是无谓的[②]；你不了解我的训条。"

一项元老院法案[③]规定，熔化已废弃不用[42]的皇帝雕像，不犯大逆罪。塞维路斯[④]和安托尼努斯二帝写信给彭蒂乌斯说，出卖尚未供奉过的皇帝雕像，不犯大逆罪[⑤]。这两位皇帝又致书茹利乌斯·卡西安奴斯，凡不是出于故意而投石打中皇帝雕像，不应以大逆罪追诉[⑥]。茹利安法需要这些变更；因为该法不但曾以熔化皇帝雕像为大逆罪，即连类似行为[⑦]亦以大逆罪论处，这就使大逆罪成为可以任意判定的犯罪了。人们所规定的大逆罪种类既多，就有必要对这些犯罪进行区别。因此，法学家乌尔边在指出大逆罪的控告并不因犯人的死亡而消灭之后又说，并不是茹利安法所规定的一切[⑧]犯罪都是这样，而只有那些危害帝国或皇帝

---

① "现今在我的时代已经不能从其他的原因产生大逆罪了。"《茹利安法典》，第9卷，第8篇，第1条。
② "你不懂我的原则而作杞人之忧。"《茹利安法奥》，第3卷，第4篇，第2条。
③ 见《茹利安法典》，第48卷，第4篇，第4条，第1段等。
④ 即"严厉亚历山大"。——译者
⑤ 见《茹利安法典》，第5条，第2段等。
⑥ 同上书，第1段。
⑦ "人们认为有些相似的行为"。《茹利安法典》第6条等。
⑧ 《茹利安法典》末一条法律"通奸"。

的生命的犯罪才是这样。

第十节 续前

英格兰在亨利八世时通过一项法律，宣布凡预言国王死亡的人犯叛逆罪。这项法律是很含糊不明的。专制主义已经可怕到连施行专制主义的人也受到害处。在这位国王末后一次患病时，医生们怎样也不敢说他已病危；他们无疑也照此而行动了[1]。

第十一节 思想

马尔西亚斯做梦他割断了狄欧尼西乌斯的咽喉[2]。狄欧尼西乌斯因此把他处死，说他如果白天不这样想夜里就不会做这样的梦。这是大暴政，因为即使他曾经这样想，他并没有实际行动过[3]。法律的责任只是惩罚外部的行动。

第十二节 不谨慎的言词

如果不谨慎的言词可以作为犯大逆罪的理由的话，则人们便可最武断地任意判处大逆罪了。语言可以作出许多不同的解释。不慎和恶意二者之间存在着极大的区别。而二者所用的词句则区别极小。因此，

---

[1] 贝尔内：《宗教改革史》。
[2] 普卢塔克：《狄欧尼西乌斯传》。
[3] 思想应该和某种行动连结起来。

075

法律几乎不可能因言语而处人以死刑，除非法律明定哪些言语应处此刑①。

言语并不构成"罪体"②。它们仅仅栖息在思想里。在大多数场合，它们本身并没有什么意思，而是通过说话的口气表达意思的。常常相同的一些话语，意思却不同，它们的意思是依据它们和其他事物的联系来确定的。有时候沉默不言比一切言语表示的意义还要多。没有比这一切更含混不清的了。那么，怎能把它当做大逆罪呢？无论什么地方制定这么一项法律，不但不再有自由可言，即连自由的影子也看不见了。

已故俄后[43]惩办多尔古露奇③[44]家族的谕告，把该族一个王公处死，因为他曾对皇后本身使用下流的言词；另一个王公也被处死，因为他曾恶意地解释她向帝国颁布的明智诏书，并用不敬的言语攻击她神圣的人身。

我并不主张减少人们对那些有意污辱君主名誉的人不能不有的愤怒。但是我要说清楚，如果要专制主义趋于宽和的话，在上述场合简单地处以轻罪比大逆罪的控诉更为适宜，大逆罪就是对于无辜的人也永远是可怖的④。

行为不是天天都有的。许多人能够把行为具体指出。捏造事实进行诬告是容易被揭发的。言语要和行为结合起来才能具有该行为的性质。因此，一个人到公共场所鼓动人们造反即犯大逆罪，因为这时言

---

① 在《茹利安法典》第3段第7条法律里，孟德蒂奴斯说："如果罪过不是这样（罪名查不清），就应当参考法律原文或按律例来治罪。"
② "罪体"原文 le corps de délit，亦有译作"证罪物"或"证罪物件"的。——译者
③ 在1740年。
④ "不确定的言词不要用在刑罚上，"孟德蒂奴斯语，见《茹利安法典》第3段第7条法律。

语已经和行为连结在一起，并参与了行为。人们处罚的不是言语，而是所犯的行为，在这种行为里人们使用了这些言语。言语只有在准备犯罪行为、伴随犯罪行为或追从犯罪行为时，才构成犯罪。如果人们不是把言语当做死罪的征兆来看待，而是以言语定死罪的话，那就什么都混乱了。

提奥多西乌斯、阿加底乌斯、火诺利乌斯诸帝致书路非奴斯裁判长说："如果有人说我们个人或我们政府坏话，我们不愿意加以处罚[①]：如果他是因轻浮而说的话，就应该轻视他；如果是因疯癫而说的话，就应该可怜他；如果是咒詈的话，就应宥恕他。因此，事情发生时完全不要去管它，而要向我们报告，让我们能够按照他的为人去判断这些言语，并好好衡量到底应交付审判或不加理睬。"

第十三节 文字

文字包含某种比语言较有恒久性的东西。但是如果文字不是为大逆罪作准备而写出的话，则不能作为犯大逆罪的理由。

但是，奥古斯都、提贝留斯却因文字而加人以大逆罪的刑罚[②]。奥古斯都曾经因某些攻击著名仕女的文字而处人以大逆罪；提贝留斯则因他认为有些文字是为了反对他而写的，便处人以大逆罪。没有比这更使罗马的自由受到致命的伤害了。克雷母蒂乌斯·柯尔都斯因为在他的史

[①] "假若出于轻率，当轻视之，假若出于疯痴，当怜悯之，假若为咒詈，当恕之。"《法典，单一律》中"假若谁詈人"条。
[②] 塔西佗：《史记》，第1卷，第72章。其后诸朝仍如是。见《法典》第1条"关于詈人的匿名帖"。

077

书里称卡西乌斯为最下等的罗马人①而被控告。

在专制的国家里,人们几乎不懂得什么叫讽刺文字。在这种国家里,一面由于软弱,一面由于无知,人们既无才能也不愿意去写讽刺文字。民主的国家不禁止讽刺文字,这和一君统治的政体禁止讽刺文字,理由正是相同的。讽刺文字通常是写来反对有权势的人的,这在民主国家正好宣泄作为统治者的人民的怨愤。在君主国,讽刺文字亦被禁止,然而把它当做行政的问题,而不是犯罪的问题。讽刺文字能够使一般人的怨愤转为嬉娱,使不满的人得到安慰,减少人们对官职的嫉妒,增加人民对痛苦的忍耐,使他们对所受的痛苦,一笑置之。

贵族政治的政府对讽刺性的著作禁止最严。在那里,官吏就是一些小元首,他们不够伟大,以致不能不理睬咒骂。如果在君主国,有箭射君主的话,君主地位崇高,箭也无法一直达到他所在的地方。一个贵族士绅则将处处受到箭伤。因此,构成一种贵族政治的十大官对讽刺文字的作者则处死刑②。

第十四节 惩罚犯罪时对廉耻的破坏

关于廉耻,世界上几乎一切民族都有应该遵守的规矩。惩罚犯罪时违背这些规矩是荒谬背理的。惩罚犯罪应该总是以恢复秩序为目的。

东方人把妇女交给受过训练的像进行一种骇人听闻的刑罚。他们的意图不是用法律去违背法律么?

罗马人有一个古老的习惯,禁止把未及笄的女子处死。提贝留斯找

---

① 塔西佗:《史记》,第 4 卷,第 34 章。
② 十二铜表法。

到了一个计策，就是先让刽子手对她们进行奸污，然后送去处刑①。这个阴险而残忍的暴君毁坏了风俗来保存习惯。

当日本官吏将裸体妇女展示于公共场所，并强迫她们学野兽爬行的时候，廉耻为之震惊②。但是当他们强迫一个母亲……的时候；当他们强迫一个儿子……的时候，我不能往下说了，即大自然本身也为之震惊③。

第十五节　释放奴隶以控告主人

奥古斯都规定，阴谋反对他的人的奴隶应卖给公家，这样使奴隶能够作不利于他们的主人④的誓证。凡能导致人们发现重大犯罪的东西，分毫也不应疏忽。所以，在有奴隶的国家，奴隶自然可以当告发人。但是他们不应该当证人。

温得克斯告发了为塔尔克维纽斯的利益而进行的阴谋。但是在控告布鲁图斯的子女的案件里，他却不是证人。对一个曾经为祖国建树这样伟大业绩的人是应当给他自由的。但是人们给他自由并不是要使他能够对他的祖国做出这样的伟大的业绩。

因此，塔西佗皇帝下令，奴隶不得当不利于他的主人的证人，甚至大逆罪也是如此⑤。这项法律没有被放进查士丁尼的法令汇编里。

---

① 苏埃多尼乌斯：《提贝留斯》，第61章。
② 《创建东印度公司历次航行辑览》，第5卷，第2篇。
③ 同上书，第496页。
④ 狄欧：《希费林》，第55卷，第5章。
⑤ 弗拉维乌斯·窝比库斯：《塔西佗皇帝传》，第9章。

079

第十六节　大逆罪的诬告

我们应当为罗马诸帝说公道话；他们所制定的那些可怜的法律并不是他们首先想出来的。教导他们不要惩罚诬告者的是苏拉①。不久，人们竟进而褒赏诬告者了②。

第十七节　阴谋的揭发

"如果你的兄弟，或你的儿子，或你的女儿，或你心爱的妻子，或你知心的朋友，秘密地告诉你说：让我们到别的神那里去吧！你就应该用石头打死他。首先打击他的是你的手，然后才是全体人民的手③。"这条旧约圣经《申命记》④的法律是不能作为我们所知道的大多数国家的法律的，因为它给一切犯罪大开方便之门⑤。

有些国家的法律规定，应揭发阴谋，违者处死，就是没有参与的阴谋亦如此。这种法律的严酷同上述法律几乎不相上下45。如果君主国家有这种法律的话，给加上限制是很正当的。

这项法律应该仅仅在最重的大逆罪的场合才可极严厉地加以适用。在这些国家里，不把这项犯罪的各种不同情况，互相混淆，是很重要的。

---

① 苏拉制定了一项庄严的法律。西塞罗在《演讲录》里《为格路恩西欧辩护》第3条；《毕苏》第21条；《第二次反维列斯》第5条；《朋傣函札》第3卷第2信，均谈及此法。恺撒和奥古斯都都把这项法律放进茹利安法中，别的人又作了增添。
② "原告的地位愈高，便愈追求荣誉，就好像神圣不可侵犯一样"。塔西陀《史记》第4卷第36章。
③ 甲乙本无"首先打击……的手"句。
④ 甲乙本误作《利未记》。
⑤ 参阅《申命记》第13章，第6、7、8、9节。

在日本，法律把人类理性的一切观念都给推翻了，竟对最普通的案件也适用知情不告发的罪。

有一个故事①说，两个少女被禁锢在一个满插尖钉的柜子里，一直到死，一人因搞了什么色情的诡计，另一人因没有加以揭发。

第十八节　共和国对大逆罪惩罚过度是如何危险的事

当一个共和国已经成功地把企图推翻它的人们摧毁了的时候，就应急速终止复仇和刑罚，甚至奖赏也应停止。

如果大权落入几个公民手中，就不可能不滥施重典，因而引起巨大变化。所以，在这种情形之下，还是多赦免比多刑罚好，少放逐比多放逐好，少没收比多没收好。为共和国复仇的借口将建立复仇者的暴政。问题不是要摧毁掌握政权的人，而是摧毁权势本身。政府应尽速重新步入常轨，这时法律便应保护一切的人而不是武装自己去反对任何人。

希腊人对他们认为是暴君或他们怀疑是暴君的人，进行漫无限制的报复。他们把这些人的子女②处死，有时候甚至把最近亲属五人处死③。他们曾把无数的家族驱逐出境。他们的共和国因而动摇了；放逐或被放逐者归来的时期常常标志着政制的变更。

罗马人较有智慧。卡西乌斯因企图实行暴政而被处刑时，人们提出是否要把他的子女处死的问题。但是罗马人对卡西乌斯的子女没有给以

---

① 《创建东印度公司历次航行辑览》，第5卷，第2篇，第423页。
② 狄欧尼西乌斯·哈利卡尔拿苏斯：《罗马古代史》，第8卷。
③ "暴君被杀后，官吏连他的五个亲族也给杀了。"见西塞罗：《论修辞学的发明》，第2卷，第29章。

任何刑罚。狄欧尼西乌斯·哈利卡尔拿苏斯说[①]："有些人在马尔斯战役和内战结束的时候，企图变更这项法律，并要排除被苏拉非法放逐的人们的子女担任公职，这些人是十分有罪的。"

从马利乌斯和苏拉的战争中，我们看到[②]罗马人的心灵日渐堕落已到了如何的程度。这样残酷的事情使人相信不可能重演了。但是在三人执政时期，人们所愿意的是"更残忍"，但又要显示"比较不残忍"。因而用诡辩去掩盖残忍，这种情景，令人悲痛，阿庇安的著作[③]中载有非法放逐的文例。你将要说，他们除了为共和国的利益而外没有其他目的，他们的话语如何冷静，他们指出对国家有这么多的好处，他们所采取的手段比其他的手段好得那么多，富人将如何得到安全，下等人将如何平安，他们如何害怕使公民的生命遭受危险，他们如何愿意安抚士兵，结局人们将如何幸福[④][⑤]。

当雷比达斯战胜西班牙的时候，罗马血流成河；他却命令人们玩乐，违者处流刑[⑥]，真是荒谬绝伦。

第十九节 共和国如何停止自由的行使

在极端崇尚自由的国家里，就有法律侵犯一人的自由以保障众人

---

① 《罗马古代史》，第8卷，第547页。
② 本段与下段，除了"阿比安的著作……文例"这句而外，其余都是末后各版增添的。
③ 《内战》第4卷。
④ 甲乙本作："他们如何愿意安抚士兵；从这可怖的例子，我们看到重刑如何接近暴政。"
⑤ "幸福者必顺利。"
⑥ "规定一天举行宴会和祭祀，谁不这样做，则予以放逐。"

的自由。英国的"议会论处罪人死刑法案"① 就是这类法律。这些法律和雅典规定一个私人②须经六千人一致同意才得定罪这类法律是有关系的。它们和罗马为惩治个别公民而制定的所谓"特有法"③这类法律是有关系的。罗马的这类法律仅由人民大会制定。但是不管人民制定这类法律的方式怎么样,西塞罗主张废止这种法律,因为法律应该是对一切人而制定的④。但是我应该承认,世界上自古以来最自由的一些民族的做法使我相信,在某些情形之下,人们需要拉下帐幕把自由暂时遮盖起来,像在习惯上遮盖神像一样[46]。

第二十节 共和国中有利于公民自由的法律

在平民政治的国家,控告常常是公开的,并准许每个人控告他所愿意控告的人。因此便有必要制定适宜的法律去保卫无辜的公民。在雅典,如果控告者不能获得投票数五分之一,便要处罚金一千得拉姆。伊斯奇

---

① 甲乙本注:《拉赛·多拉斯的延期》的作者给《议会论处罪人死刑法案》下了定义:它是一种判决,经两院批准,并经国王签署成为议会的法案;它宣布被告犯了叛国罪,不再需要其他手续,也无法上诉。第2册,第266页(孟德斯鸠)。后来各版即改为下注:在该王国的法庭,仅仅为法官相信的证据是不足为凭的,证据还必须是公式的,也就是说,法定的。法律规定,控告要有两个证人。他种证明是不够的。那么,假定有人犯了叛国罪,而找到了排除证人的手段,使法律无法定他的罪,这时议会就可以通过一个特殊的论处死刑法案;也就是说,专为这犯人通过一条特别的法律。这么一条法律成立的过程也和其他的一切法案一样,要在两院通过,又要国王同意;如果不这样,就不成为法案,也就是说,不成为判决了。被告可以请律师发言反对这条法案,而别人也可以在议会里为这条法案辩护(孟德斯鸠)。
② "不要专为一个私人制定法律,除非有六千人认可。"见安多其代:《论奇事》。这就是所谓"贝壳放逐法"(处流刑时,由众人记名贝壳投票决定——译者)。
③ "专为个别人公布的法律。"见西塞罗:《法律》,第3卷,第19章。
④ "法规是对每一个人的命令。"见西塞罗同上书。

083

因斯控告克节西芬，就被这样判处罚金①。在罗马，对不公正的控告者，则标明他的丑行②，在他的额上印上字母 K[47]。对控告者则设守卫以防备他贿赂法官或证人③。

我已经谈到雅典和罗马的一项法律，准许被告在判决前离去。

第二十一节 共和国对待债务人法律的残酷

一个人借钱只是为了花费，结果钱就没有了。因此，一个公民把钱借给另一个公民，就使自己处在比借钱的公民优越得多的地位。如果法律再增加债权人对债务人的奴役，则在一个共和国将产生什么后果呢？

在雅典和罗马，起初是准许债权人把无力清偿债务的人出售④。梭伦改正了雅典这个惯例。他规定，不得强迫任何人以身体去清偿民事上的债务。但是十大官们⑤没有同样地改革罗马的惯例；虽然梭伦的法规就摆在他们的眼前，然而他们是不愿意仿效的。我们看到十二铜表法里十大官企图损害民主政治的精神，并不仅仅这一个地方而已。

这些对债务人残酷的法律曾有好几次使罗马共和国遭到危险。一个遍体鳞伤的人及他的债权人的家里逃脱，出现在"公会场"⑥。人民看见这个情景激动了起来。债权人不敢继续拘留的其他公民从地牢里走出

---

① 见腓罗斯特拉都斯《诡辩家传》第1卷"伊斯奇因斯传"，又见普卢塔克和浮蒂乌斯的著作。
② 依照雷米安法。
③ 普卢塔克论文《如何从敌人得到益处》。
④ 有些人售卖自己的子女来还债，见普卢塔克：《梭伦传》。
⑤ 从历史上看，罗马人的这个惯例似乎在十二铜表法之前就已经形成。狄特·李维：《罗马编年史》，第一代史，第2卷，第23、24章。
⑥ 狄欧尼西乌斯·哈利卡尔拿苏斯：《罗马古代史》，第6卷。

来了。他们获得了些诺言，却没有人履行这些诺言。人民退到圣山上去。他们未能争到把这些法律废除，但得到了一个保护他们的官吏[48]。他们从纷乱中走出，而险些掉进暴政里去。曼利乌斯为博取人心，欲从债权人手中放回被债权人降为奴隶的公民[1]。曼利乌斯的计谋受到了阻抑，弊害依然存在着。有一些特别的法律给予债务人以清偿债务的便利[2]。又罗马428年执政官们提出一项法律[3]，剥夺债权人拘留债务人在自己家里服劳役的权利[4]。一个高利贷者名巴比利乌斯想要污辱他所禁锢的一个名叫普布利乌斯的青年人[49]。塞克司图斯[50]的犯罪使罗马获得了政治的自由；巴比利乌斯的犯罪使罗马获得民事的自由。

这个城市的命运就是这样：旧的犯罪使它获得自由，新的犯罪使这种自由得到肯定。鹿克里蒂亚的不幸曾经激起人民反暴君的恐怖。阿比乌斯谋害维珍妮的事件又把人民投进反暴君的恐怖里。声名狼藉的巴比利乌斯犯罪后三十七年[5]的时候，又有一个类似的犯罪事件[6]使人民退到燃尼丘林[7]，使为债务人的安全而制定的法律又有了新的效力。

从此而后，债权人违犯惩治重利盘剥的法律致被追诉的案件要多于债务人偿还不了债务致被追诉的案件。

---

① 普卢塔克：《夫里乌斯·卡米路斯传》，第18章。
② 见本节以下第22章第22节。
③ 十二铜表法后120年。"这年对罗马平民来说，好像是新的自由的开始，这也是被害的人所希望的。"见狄特·李维：《罗马编年史》，第8卷，第28章。
④ "负债人的财产，不害其身。"见同上书。
⑤ 罗马465年。
⑥ 即布劳蒂乌斯的犯罪事件。他企图污辱维都利乌斯。瓦列利乌斯·马克西穆斯：《著名作家言行录》，第6卷，第1章，第9条。我们不应当把这两件事混淆起来。二者的人物不同，时间也不同。
⑦ 参阅狄欧尼西乌斯·哈利卡尔拿苏斯的一个残篇，在《道德与邪恶选录》内；狄特·李维：《史略》，第11卷；佛兰舍谬斯：《补篇》，第11卷。

第二十二节　君主国里破坏自由的东西

世界上有一种对一个君主国的君主最无用处的事情常常把自由削弱了。这种最无用的事情就是有时候为审判一个私人而任命一些委员。

君主从这些委员所获得的用处太少了，所以不值得君主为这种事情而变更事物的常规。我们大概可以肯定，君主比他的委员们更具有正直与公道的精神。委员们由于有君主的命令，由于一种模糊的对国家利益的想法，由于受到选派，甚至由于自己的恐惧，而老是把自己看得十分有理。

亨利八世时，如有贵族被控告，习惯上由贵族院选出的一些委员进行审判。用这个方法，要杀多少贵族就杀多少。

第二十三节　君主国的密探

君主国需要密探么[51]？好的君主通常不用密探。一个人遵守法律，他就已经尽了对君主的义务。至少，他的住宅应该是他的庇护所，而他的其他行为也应该得到安全保障。密探的事情如果真正能够由诚实的人去担任的话，那么这种事情也许可以容忍，但是密探这种人必然是丑恶的，所以我们可以断言，这种事情也必然是丑恶的。一个君主应该以诚实、直爽、信任去对待他的臣民。一个君主充满焦虑、疑惑和恐惧，就像一个演员在扮演角色时感到局促不安一样。如果君主看到法律普遍发生效力，受到尊重，他就可以认为自己是安全了。一般人的作风向他保证一切个人的作风。但愿君主无所畏惧！他不能想象，人们是如何必然地要爱戴他。啊！人们为什么不能爱君主呢？几乎一切恩泽都以君主为泉源。几乎一切刑罚都算在法律账上。君主总是仅仅以安详的面貌出现于老百姓面前。他的光荣，我们分享；他的权力，支撑着我们。人们信任君主；当大臣们拒绝给予什么东西的时候，人们常常这样想：要是君主的话是会给予的。这就是人们爱君主的一个证据。即在公共灾害发生的时候，人们也绝不责难君主本身，而埋怨他不知道，或是埋怨他受到了腐败的人们的包围。老百姓说："要是君主知道的话！"这类言词是一种祈求，是人们对君主有信任的证据。

第二十四节　匿名信

鞑靼人必须在箭上记上他们的名字，使人们知道箭是从谁的手射出的。马其顿的菲利普在围攻一个城市时受伤；人们发现掷枪上写着："阿斯德给菲利普这个致命的一击。"① 如果有人为着公共的利益而控告他人，他将不向君主而向官吏控告。君主容易有偏见，官吏则有法律条文；这些法律条文仅仅对诬告者是可怕的。如果控告人不愿意使法律施行于他和被告人之间，那就证明他有原因惧怕法律。我们所可能给他的最低限度的处罚，就是完全不相信他。除了案情急迫，无法忍受普通裁判程序的延宕并且与君主福利攸关的场合之外，人们是不应理睬这种控告的。在理睬的场合，我们可以认为控告者是极不得已才不保持沉默而说了话的。但是在其他场合，我们就应该和君士坦丁帝一样地说："一个人有仇敌，而没有人出面控告他，这个人是不应该受到我们怀疑的。"②

---

① 普卢塔克：《道德著述：一些罗马、希腊故事的比较》，第2卷，第487页。
② 《提奥多法典》第6条"关于晋人的匿名帖"。

087

第二十五节　君主国的统治方法

君主的威权是一种巨大的动力，应该能够毫不喧嚣地运用自如。中国人夸耀他们的一个皇帝，说他像天一样地统治着，也就是说，以天为典范。

在一些场合，君权要适用到它的极限；在另一些场合，适用则应有限制。行政的妙处，乃在于十分懂得在不同的情况下应使用哪一部分权力，而且宽猛得宜。

在我们的各君主国中，人民认为政府是宽仁的，这就是一切幸福之所寄。一个极笨拙的大臣老是告诉你，你是奴隶。但如果你真是奴隶的话，他应该想法子让你不知道你是奴隶。他所应对你说或给你写的，只能是："君主不愉快""君主感到惊奇""君主将安定秩序"这些语气缓和的词句。在发号施令时，要有某种程度的平易轻松。因为君主应该进行鼓励，而进行恐吓的应该是法律①。

第二十六节　君主国的君主应该易于接近

这点从反面去看，要清楚得多。

裴里说②，"沙皇彼得一世发布了一道新敕令，禁止人们直接向他提出请求；人们必须先向他的两个官吏提出。在法官拒绝裁判的场合，

---

① 塔西佗说："涅尔瓦增加了帝国的轻松气氛"*。
* 有人指出，塔西佗的最好版本写的不是"帝国的轻松气氛 facilitatem imperii"，而是"帝国的幸福 felicitatem imperii"。——译者
② 《大俄罗斯的现状》，1717 年巴黎版，第 173 页。

人们就可以向皇帝提出请求，但如果请求是错误的话，请求人应丧失生命[1]。从那时起，没有人给沙皇提出请求了。"

第二十七节　君主的善行

　　君主的善行和法律同样有益于自由。君主和法律一样，可以使兽变成人，使人变成兽。如果他喜爱自由性格的话，则普天之下的人都将成为他的臣民。如果他喜爱卑鄙性格的话，则天下人都将成为他的奴隶。如果他愿意知道统治的伟大艺术的话，就应该以荣誉与品德为重，鼓励个人的成就。有时候，他甚至可以垂青天才的人物，绝不应该害怕那些被称为有成就的人和他竞争。他如果喜爱他们，他便和他们平等了。他应该获取人心。不要抑制[52]人们的精神。他要使自己孚众望。臣民中最微小的人们爱戴他的话，他也应当感到喜悦；他们永远是人。老百姓很少需要人们的尊敬，所以应该受到尊敬。君主和老百姓之间存在着无限的距离，这使老百姓很不容易来打扰君主。君主对恳求要宽施；对要求要坚拒。他要做到老百姓满意他的拒绝，朝臣满意他的恩宠。

第二十八节　君主须尊重臣民

　　君主对于戏言应该极端谨慎。戏言适中可以取悦于人，因为它是与人亲近熟识的途径；但是尖刻的玩笑出自君主之口，较出自臣民中最微小者之口，远为不可，因为惟有君主能够随时给人致命的伤害。

---

[1] 甲乙本作："……请求人则处死刑。"

君主更不应当对他的臣民进行明显的侮辱。设立君主，为的是进行赦免，进行刑罚；绝对不是为了进行侮辱。

如果君主侮辱他的臣民的话，则他比土耳其人或俄罗斯人对待他们的臣民要残忍得多了。当土耳其人和俄罗斯人进行侮辱的时候，他们贬抑了人而不损坏他的荣誉；但是我们的君主贬抑了人又损坏他的荣誉。

亚洲人把君主的侮辱看做是一种家长式的恩惠的施与。这是亚洲人的成见。我们欧洲人在感到侮辱的残酷之外，又感到终生的耻辱不能洗雪而失望沮丧。这是我们的想法。

君主们有了把荣誉看得比生命还宝贵的臣民，有了把荣誉当做忠诚和勇敢的推动力的臣民，就应当感到无比喜悦。

我们还能记得，有些君主因侮辱臣民而招来灾祸。我们还能记得凯烈亚[53]、太监纳尔塞斯和茹利安伯爵的报复；我们还记得孟本西埃公爵夫人，因亨利三世暴露了她的一件秘密的过错，她便和亨利三世终生为难。

第二十九节　专制政体下可给予人们少许自由的民事法规

虽然专制政府，从本质来说，到处都是一样，但是环境、宗教的意见、成见、被采用的范例、思想的倾向、习惯、风俗等等的不同都可以使它们之间产生极大的差异。

在专制政府之下，建立某一些观念是好的。因此，中国人把君主看做是人民的父亲；当阿拉伯帝国的初期，君主是帝国的宣教师[①]。

[①] 即"哈里发"。

有本圣书做规范是方便的，如阿拉伯人的《可兰经》、波斯人的佐罗亚斯特的经典、印度人的《吠陀经》和中国人的经典。宗教法典补充民事法典之不足，并给专擅权力划定范围。

通有疑难的案件，法官征询宗教的牧师们的意见，这个做法并不坏①。所以在土耳其，卡笛（法官）征询暮勒（法师）[54]的意见。如果遇到应判死刑的案件，一个好办法也许是由特殊法官——如果有这么一个法官的话——征询总督的意见，这样民事的和宗教的权力更进一步受到政治权威的调节而趋于宽和。

第三十节 续前

父亲获罪要连坐儿女妻室。这是出自专制狂暴的一项法条。这些儿女妻室不当罪人就已经够不幸了。然而君主还要在他自己与被告人之间放进一些哀求者来平息他的愤怒，来光耀他的裁判。

马尔底维亚人有一个良好的习惯②，就是倘使有贵族获罪，他便天天去朝见国王，一直到重受恩宠为止；他待在朝廷就已足以熄灭国王的愤怒了。

在某些专制的国家，人们认为向君主为获罪的人求情是对君主的不敬③。这些国家的君主似乎是在尽一切努力，把仁慈这种品德抛弃。

---

① 《鞑靼史》，第3篇，第277页附注。
② 见佛兰西斯·比拉尔：《旅行记》。
③ 从沙尔旦的记述来看，就像现在的波斯一样，这个习惯是十分古老的。普罗哥比乌斯说："人们把卡瓦德斯关进了遗忘的城寨。法律禁止人们谈到那些被囚禁的人，甚至不许说出他们的名字。"

阿加底乌斯和火诺利乌斯，在我已谈得很多①的那项法律②里宣布，他们绝不宽恕任何敢于在君王面前为罪犯哀求的人。这项法律是极端恶劣的，因为它就是在专制政府之下也是同样恶劣的③。

波斯准许人随意出国。这是很好的惯例。与此相反，不许人们随意出国的惯例，是渊源于专制主义的。专制主义把臣民当做奴隶看待④，出国的人则被看做是逃走的奴隶。虽然如此，波斯的惯例对于专制主义本身却是一桩极好的事。因为害怕债务人逃遁或隐匿，将使帕夏（高官）和勒索者的迫害停止或趋于缓和。

---

① 本章第8节。
② 《茹利安法典》，第5条。
③ 佛烈德利克抄袭这项法律，把它放进那不勒斯的宪法第一篇里去。
④ 在君主国，通常有法律禁止任公职的人员出国，如果他未得君主许可的话。共和国也应该制定这种法律。但是在有特殊法制的共和国里，这种禁令应该对一般人全都实施，这样外国的风俗习惯才不会传播到国内来。

第十三章　赋税、国库收入的多寡与自由的关系

第一节　国家的收入

国家的收入是每个公民所付出的自己财产的一部分，以确保他所余财产的安全或快乐地享用这些财产。

要把国家的收入规定得好，就应该兼顾国家和国民两方面的需要。当取之于民时，绝对不应该因为国家想象上的需要而排除国民实际上的需要。

想象上的需要，是从执政者的情欲和弱点，从一种离奇的计划的诱惑力，从对一种虚荣的病态羡慕，从在某种程度上对幻想的无力抗拒等，而产生出来的东西。那些心神不定，在君主手下主持国事的人们，常常把他们渺小的灵魂的需要当做是国家的需要。

没有任何东西比规定臣民应缴纳若干财产，应保留若干财产，更需要智慧与谨慎了。

计算国家收入的尺度，绝不是老百姓能够缴付多少，而是他们应当缴付多少。如果用老百姓能够缴付多少去计算的话，那么至少也应当用他们经常的缴付能力作标尺。

第二节　说重税本身是好的这种推理法是笨拙的

人们看到，在某些君主国中，免缴赋税的小邦和它四周围在苛税重压下的地方同样地困苦。主要的原因是：被包围的小邦不能有自己的产业、工艺和大工厂，因为在这些方面，它受到包围它的大邦千般万样的阻碍。包围它的大邦则有产业、大工厂和工艺；它制定为自己攫取各种利益的规章。小邦便非贫困不可了，不管征收如何轻微的赋税。

但是有人却从这些小邦的贫困得出结论说：要人民勤劳，就必须征重税。哪里知道，不征税才是更正确的结论呢！周围所有贫苦的人都退到这些小地方来，过着无所事事的生活。这些人既因终日劳苦而感到失望沮丧，他们便把怠惰闲逸当做唯一的幸福了。

一个国家富裕的结果，将使众人有雄心。贫穷的结果，将使众人产生失望心情。雄心从劳动得到激励，失望从怠惰得到慰借。

大自然对人类是公道的。它按照人类的劳苦给予酬报。它以较大的报酬给予较大的劳动，它就这样鼓励人类勤劳。但是，如果专制的权力把大自然的报酬夺走的话，人们便将憎厌劳动，而怠惰便仿佛是唯一的幸福了。

第三节　有农奴的国家的赋税

农奴制度有时候是在征服战争之后建立起来的。在这种场合，从事耕种的奴隶应当与主人共分收获。只有得失与共的关系才能使那些命里注定要劳动的人和那些命里注定要享乐的人和睦相处。

第四节　有农奴的共和国家

如果一个共和国征服另一民族而使它为自己耕种土地的话，就不应该容许它的国民增加奴隶的贡赋。这在拉栖代孟是不许可的。拉栖代孟人相信，伊洛底人[55][①]将耕种得更好些，如果伊洛底人知道他们所受的奴役将不会增加的话。拉栖代孟人又相信，如果奴隶的主人们仅仅希望得到他们历来所得到的收入的话，他们将成为更好的公民。

第五节　有农奴的君主国家

如果一个君主国的贵族为自己的利益而让被征服的人民耕种土地的话，贵族就不应该有权利增加赋税[②]。此外，如果君主有领土，有兵役，就已感到满足的话，那是很对的。但是，如果他还要向贵族的奴隶征收货币租税的话，那就应该由贵族担保[③]，由贵族替奴隶纳税，然后贵族再向奴隶们征收。如果不遵守这条规则的话，则贵族和君主的征税人将轮流地困扰奴隶，横征暴敛的人将接踵而至，一直到奴隶死于贫穷或逃亡山林而后已。

---

① 普卢塔克：《拉栖代孟佳言》。
② 查理曼就是因为这个理由在这问题上建立起他那些美好的法制。见他的《敕令》，第5卷，第303条。
③ 德意志的惯例就是如此。

第六节 有农奴的专制国家

在专制国家，上述的规则更是必要。那里的贵族随时都有可能被剥夺土地和奴隶，所以他们对于保存土地和奴隶并不是那么热心。

彼得一世想仿效德意志的习惯征收货币租税，创立了一项很明智的条例，至今俄罗斯仍在奉行。就是：缙绅向农民征税，然后缴纳给沙皇。倘使农民的数目减少了，缙绅缴纳给沙皇的税额不得减少；如果农民增多了，他缴纳的数额不用增多；因此，缙绅为着自己的利益自然不去困扰农民了。

第七节 无农奴制度的国家的赋税

如果一个国家所有的个人都是自由的公民而且每人占有产业就像君主握有君权那样的话，那么就可以征收人身税、土地税或商品税，或是征收其中两类的税，或是三类的税全都征收。

征收人身税时，如果准确地按照财产的比例征收，是不公道的。雅典把公民分为四个等级①。财产的收益，无论是干的或是液体的②，在五百末苏尔以上的，要缴纳给公家一达伦特③。收益为三百末苏尔的，要缴纳半达伦特。收益为二百末苏尔的，要缴纳十米那，即一达伦特的六分之一。第四等级则免缴赋税[56]。这种赋税是公道的，虽然在比例上并不匀称，因为它不是按照财产的比例，而是按照需要的比例的。他们

---

① 波留克斯：《名辞集》，第8卷，第10章，第130条。
② 如牛奶、酒精之类。——译者
③ 甲乙本这里多一个注："或六十米那。"

认为每个人物质上的基本需要都是一样的；这种物质上的基本需要是不应当课税的。他们认为，其次是有用的财产，这种财产应当课税，但是要比多余的财产课得少些。又认为，如果对多余财产课重税，则将消灭多余无用的财产。

征收土地税时，通常把地产分级登记。但是要了解土地各不同等级的差别是极困难的。而且要找到一些不存私心、不故意把土地等级弄错的人，更是困难。因此便产生两方面的不公道：一种是人的不公道，一种是物的不公道。但是如果赋税在大体上不过重，留给人民充裕的基本需要物资，这些个别的不公道的事情也就不算什么了。但如果留给人民的物资只够他们勉强生活的话，那么极微小的不恰当就要引起极严重的后果。

如果一些公民纳税较少，害处不会太大。他们的富裕常常会反过来富裕公家。如果有一些个人纳税太多，他们的破产将有害于公家。如果国家把自己的财富和个人的财富的关系调济得相称适宜的话，则个人的富裕将很快增加国家的富裕。一切要看在这些关键的问题上作如何的抉择。国家应该通过使国民贫困的手段来先使自己致富呢，还是等待国民富裕后再由国民来富裕国家呢？国家要的是第一种好处还是第二种好处呢？国家愿意以富始呢，还是以富终呢？

商品税最不为人民所觉察到，因为征收这种税的时候国家并不向人民提出正式的要求。这种税可以安排得十分巧妙，让人民几乎不知道他们纳了这种税。由出卖商品的人纳税，是达到这个目的的极重要的一个方法。商品出卖人知道，他缴纳的不是自己的钱，而实际纳税的商品购买人却把税金和物价都混淆在一起了。有一些著者指出，尼禄取消了对售卖奴隶所征二十五分之一的税，但是他仅仅规定该税不由购买人缴纳，而应由出售人缴纳。这个条例表面上好像是把该税取消了，而实际上该

097

税却依然存在①。

欧洲有两个王国,对酒类抽极重的税[57]。一个国家仅由酒商纳税,另一国家则无区别地向一切饮酒人征税。在前一个国家谁也没感到征税的烦苛;在后一个国家,人们则认为征税繁重。在前一个国家,国民只觉到不纳税的自由;在后一个国家,国民则觉到被强迫非纳税不可。

不仅如此,如果由公民纳这种税,就要不断搜查他们的住宅。对自由的侵犯,没有比这更严重的了。那些制定这类税则的人们,一定是没有幸运地在这方面找到最好的管理方法。

第八节　如何保持这种错觉

要使商品的价钱和税金能够在纳税人的脑子里混淆起来,就应该使商品和商品税之间保持某种关系,而且对没有什么价值的货物不应征收过重的税。有些国家税金超过商品的价值十七倍②[58]。这时,君主消除了臣民的这种错觉,臣民看见自己是处在不合理的统治之下;这使他们深深感到是受着奴役。

不仅如此,如果君主要征收一种和商品的价值极不相称的税,那么这种商品就应该由君主专卖,人民就不能够到别的地方购买了。这便要产生无穷的不便。

在这种情况下,走私便大可获利。理性所要求的,当然的刑罚,就

---

① "买卖奴隶的二十五分之一税,表面上似乎未用武力而被免除了,但是当卖主被命令纳税时,则已把这个价钱加给买主了。"见塔西佗:《史记》,第13卷,第31章。
② 甲乙本作:"十七或十八倍。"

是把商品没收。但这个刑罚已不可能制止走私了,尤其是因为这种商品通常是很不值钱的。既然如此,便不能不诉诸过度的刑罚,处以和惩治重大犯罪相类似的刑罚。一切量刑的比例全被破坏了。有些人[59]不应该看做是恶人,但被当做大罪人处罚了。这是世界上最违背宽和政体的精神的事。

我还要再说一句话:人民越受到引诱去偷漏包税人的税,包税人便越发财,人民便因而越困穷。为了制止走私,就不能不赋予包税人以非常的压迫手段,于是一切便都完了。

第九节 一种恶劣的赋税

我们顺便谈一下,某些国家的另一种赋税,就是对民事契约各种条款所征的税[60]。关于这种税,一个人要防卫自己不受包税人的勒索的话,就需要极丰富的知识,因为这类事情需要极精细的讨论。因此,作为君主的法规的解释者的包税人便能够对人们的财富施行一种专断的权力了。经验告诉我们,征收写着契约的那张纸的税要有意义得多。

第十节 赋税的轻重应视政体的性质而定

专制政府的赋税应该特别轻。否则谁愿意自找麻烦去耕种土地呢?加之,这样的一个政府,对国民所付出的东西从没有以任何东西去补偿,人民怎有能力缴纳重税呢?

在专制政府之下,君主握有惊人的权力,人民则软弱异常,因此君主与人民之间什么都不应该含混。赋税的征收要简易,规定要清楚,使收税人无法增减。只有土地收益税、人头税和百分之几的商品税这几项赋税对专制政府是适宜的。

在专制政府之下，商人应有人身的保障，社会习惯应使他们受到尊重。否则他们和君主的官吏们进行任何交涉时，将过于软弱。

第十一节　没收

欧洲在税务上的处罚竟比亚洲严酷，这是反乎常例的，是一件特殊的事情。在欧洲，人们没收商品，有时候甚至于连船只和车辆也没收了。在亚洲，这些东西全都不没收。这是因为在欧洲，商人有法官可以保护他们，使免受压迫；而亚洲的专制法官，本身就是压迫者。如果一位土耳其的帕夏（高官）决定没收一个商人的货物，这个商人能有什么办法呢？

但是横暴压迫的行为是要有克制的；它不能不带几分温仁宽厚。所以土耳其只收入口税；商人缴纳该税后，全国便可畅行无阻。报关不实，既不没收，也不增税。中国不打开非商人的货包[1]。在莫卧儿，走私不以没收作为处罚，而是加倍收税。居住亚洲诸城的鞑靼王公对过境商品几乎不征什么税[2]。在日本，商业上的走私，以死罪论处，这是因为要禁绝同外国的一切交往，在这种场合，走私与其说是违反商业法规，毋宁说是违反了国家的安全法规[3]。

---

[1] 杜亚尔德：《中华帝国志》，第2卷，第37页。
[2] 《鞑靼史》，第3篇，第290页。
[3] 日本愿意和外国通商，但又不愿和它们交往，因此便选择了两个国家：荷兰和中国，经由前者和欧洲通商，经由后者和亚洲通商。让外国的经纪商人和水手们居留在类似监狱的地方，把他们束缚得好不耐烦。

第十二节　赋税轻重和自由的关系

　　国民所享的自由越多，便越可征较重的赋税，国民所受的奴役越重，便越不能不宽减赋税。这是通则。过去到现在一直是如此；将来也将永远如此。这是从自然引申出来的规律，是永恒不变的。在任何国家，从英国、荷兰以及自由正趋于消亡的一切国家，一直到土耳其，都可以看到这条规律。瑞士似乎是违反了这条规律的，因为在那里人们不纳税。但是我们知道这是有特殊理由的。不仅如此，瑞士的情况甚至证实了我所说的规律。在它那土壤硗确的山陵地带，粮食的价格高昂，人烟又很稠密，所以一个瑞士人缴纳给大自然的"赋税"比一个土耳其人缴纳给苏丹的赋税多四倍。

　　一个征服了他国的民族如雅典人与罗马人，是可以完全不纳税的，因为他们统治着被征服的国家。在这种场合，他们不按照自由的比例纳税；因为在这点上，他们已经不是一个民族，而是一个帝王。

　　但是上述的通则是永远有效的。在政治宽和的国家，有一种东西去补偿人民所负担的重税，那就是自由。在专制的国家，有一种和自由有对等价值的东西，那就是轻微的征税①。

　　在欧洲的某些君主国里，人们看到，有一些省份②情况比其他省份都好。这是由它们的政府的政治性质所产生出来的后果。但是有人却常常幻想，认为这些省份纳税太少，理由是，它们的政府良好，其所产生的后果使它们有力量多纳一些税。殊不知这就等于要取消这种给人们

---

① 在俄罗斯，赋税不轻不重，但是当专制主义宽和了的时候，赋税便增加了。见《鞑靼史》，第2篇。
② 法国建立了三民会议的省份。

带来幸福的政府；这种幸福传播各地，广被远方，人们应该好好享受它。

第十三节 什么政体可以增加赋税

大多数共和国可以增加赋税，因为国民相信赋税是缴纳给自己的，因此愿意纳税，而且由于政体性质的作用，通常都有力量纳税。

君主国是可以增加赋税的，因为它的政体宽和，能使国家富饶丰足。君主尊重法律，增加赋税就像是一种酬报。

专制国家是不能够增加赋税的，因为奴役已经到了极点，无法再增加了。

第十四节 赋税的性质和政体的关系

从性质来说，人头税较适合于奴役；商品税较适合于自由，因为商品税比较同人身没有直接的关系。

最适合于专制政体性质的办法是：君主不发现金给士兵和朝臣，而是分给他们土地，并因此少征赋税。因为如果君主发放现金的话，那么最合适的赋税便是人头税了。人头税只能抽很少很少，因为在这种不公与暴虐的政体之下，是不可能把纳税人分成各种不同等级而不发生流弊的，所以不能不规定一个连最贫穷的人也有能力负担的税率。

最适合于宽和政体性质的赋税是商品税。商品税实际上是买主缴纳的，虽然商人先为支付。所以这种税是商人为买主支付的贷款。因此，应视商人为国家的总债务人，同时又是每个私人的债权人。商人向国家预缴买主将有一天要纳的税；又商人自己购买商品也要纳税，这税也算是商人先为买主缴纳的。由此可见，政体越宽和，越充满自由的精神，财产越安全，则商人越容易把大宗税款预缴给国家，借贷给私人。在英国，一个商人买进一大桶酒时，实际借给国家五六十镑。在土耳其统治的一个国家里，有商人敢做这种事情么？即使他敢这样做的话，他的财富不可靠、不稳定、无信用可言，他能做得下去吗？

第十五节　自由的滥用

　　自由有这些巨大的好处，人们便滥用自由。由于宽和的政体产生了令人羡慕的后果，人们便舍弃这种宽和。人们征收到巨额赋税，便想征收过分的赋税。自由的手给了这件礼物，人们不感激它，反而求助于奴役，而奴役是什么都不给的。

　　自由产生了过分的赋税；但是过分的赋税将反而产生奴役，引起税收的递减。

　　亚洲的帝王几乎没有一年不下诏谕宽免他们帝国中某个省份的税①。他们表现赐给人民恩典的心意。但是欧洲[62]则不然，君主的诏谕在人们还没看到之前就已使人们发愁，因为君主的诏谕通常谈的都是君主的需要，而从来不谈我们人民的需要。

　　亚洲的国家[63]，因为政体的关系，而且常常因为气候的关系，朝臣们是非常懒惰的，所以懒于毫无间断地向人民提出新的要求，这倒给人民带来好处。因为朝臣们懒于作新计划，所以国家的费用老是不增加。就是偶尔做新计划的话，也是瞬即完结的短暂计划，而不是长期计划的开始。治国者不烦扰人民，因为他们懒于不断烦扰自己。但是从我们欧

---

① 这是中国皇帝的习惯。

洲人来说，我们不可能在财政上有任何定则，因为我们总要干一些事情，而干什么事情却不知道。

我们不再把一个对国库收入能作妥善分配的朝臣叫做贤臣了。我们现在称为贤臣的，是那种富于心机，所谓"办法"多的人。

第十六节　回教徒的征服战争

伊斯兰教徒所以能够征服他国，易如反掌，就是因为他国征收过分的赋税①。〔希腊〕诸帝王的贪婪是狡巧的，他们想出各种苛捐杂税，困扰各族人民，终无了日。而在伊斯兰教国的治下，各族人民则只负担简单的一种赋税，既易于缴纳，又易于征收。各族人民感到，服从一个野蛮的外国，比服从一个腐败的政府，还要快乐幸福。在这种腐败政府治下，自由已不存在，各族人民要忍受由此所产生的各种弊害，以及当前奴役的悲惨境遇。

第十七节　扩军

有一种新的疾病在欧洲蔓延，传染了我们的君主们，使他们觉得非维持过分庞大的军队不可。当病情加剧，势必传染，因为一国增加它的所谓部队时，他国便也立即增加它的部队，结局各国将一无所得而同归于毁灭。每个君主尽量养兵，常备部队里各兵种都有，仿佛他的人民已

---

① 历史记载，这些赋税不但沉重，而且荒诞，甚至是愚蠢的。阿那斯塔西乌斯竟发明征呼吸税："每人按呼吸的空气纳税。"

遭遇到绝灭的危险。人们把这种"人人竭力反对人人"的状态①叫做和平。因此欧洲破产到如此地步：如果私人处境和欧洲某三个国家⁶⁴同样十分富裕的话，仍旧无法生活。我们拥有全世界的财富并掌握全世界的贸易，但却贫穷。由于军队增加，我们全都要变成士兵，而将要和鞑靼人一样了②。

大国的君主，从弹丸小国⁶⁵收买军队，仍不满足，他们还要在各方设法收买同盟国，这就经常要浪费金钱。

这种情况的后果，便是无尽期地增加赋税。而且这在将来是不可能有任何补救方法的，因为这些君主不再依靠国家的收入，而是向国家的老本钱开仗了。我们不是没听说过，有些国家甚至在和平的时候也把基本资产抵押出去，并使用一些它们叫做"非常"的手段来毁灭自己。这些手段真是够"非常"的，即连最浪荡的败家子也几乎是想象不到的。

第十八节 赋税的蠲免

东方各大帝国有一个训条，即蠲免受灾省份的赋税。这个训条，各君主国家应好好采用。有好些国家建立了这个制度⁶⁶，但是人民反比没有这个制度时受到更沉重的压迫，因为君主并不因此而少征税或多征税，而是让全国对所亏税额负连带责任。为着安抚一个无能力纳税的村子，人们让有能力纳税的村子多纳一些。前一个村子并未复苏，而后一个村

---

① 国际局势的均衡主要是由于这种"状态"而得到维持，这是真的，因为这种"状态"使大国精疲力尽。
② 这种情况就只差一点点了。只要利用新近发明并在几乎欧洲各地都建立了起来的民兵，并把它和正规军一样无节制地大肆发展一下，我们就和鞑靼人一样了。

子却受到损害。人民一面不得不纳税，因为害怕勒索；一面又感到纳税的危险，因为害怕增税。就这样失望沮丧，徘徊在两难之间。

一个治理得好的国家，就应该在开支的第一项目里规定一笔款项，以备意外的需用。公家和私人一样，如果土地收益多少就花多少，一文不差，那是要破产的。

至于使同一村子的居民负连带责任[67]的办法，有人认为是合理的①，因为如果不这样，他们就可能联合起来欺骗国家。难道根据一些假想就可以建立一种在性质上不公道而且危害国家的制度么？

第十九节 包税和国家直接征税，哪种办法最有利于君民

直接征税是一个好父亲的管家办法。他亲自去收租，既不靡费，又不紊乱。

由国家直接征税的话，该催该缓，由君主按照自己或人民的需要自行决定。直接征税，君主可以把包税人[68]所获厚利节省掉。包税人用无数的手段使国家穷困。直接征税，君主可使人民不致因看到一些暴发横财的景象而感到苦恼。直接征税，征收的税银经手人少，可以直接落到君主手里去，结果也就能够更快地回到人民手里来。直接征税，君主可以为人民免去无数恶劣的法律。这些恶劣法律通常是包税人贪婪无厌而强求君主颁定的。包税人让人们看到一些法令规章的眼前利益，但这些法令规章却是要给将来带来不幸的。

一个人有钱通常就成为他人的主人，因此包税人连对君主也施行专

---

① 见《罗马财政论》，1740年巴黎布利亚逊版，第2章。

制了。包税人并不是立法者,但他已是立法的一种力量了。

我承认,一种新设立的赋税先交由包税人征收,有时候是有好处的。要防止偷税漏税是需要技巧和窍门的。包税人由于切身利益的关系是会想出这些技巧和窍门的,而国家的征税人员是怎样也想不出的。因此,在征收的规章法例由包税人建立之后,再实行国家直接征收办法,便可收到圆满的效果。今天英国所实行的消费品税[69]和邮政收入的管理方法就是从包税人那里学来的[①]。

共和国的赋税,几乎都是直接征收的。建立相反的制度成为罗马政府的一大流弊[②]。在建立直接征税制度的专制国家里,人民幸福得多;波斯和中国就是明证[③]。最不幸的就是那些君主把海港和商埠的税收都包出去的国家。君主国家的历史充满了包税人罪恶行为的记录。

尼禄因愤恨税吏的横暴,拟定了废除一切赋税的计划。这个计划是宽仁豁达的,但却是不可能实现的。他完全没有想到直接征税的制度。他发布了四项命令:(一)公布惩戒税吏法——这些法律到那时为止,一直是秘密的;(二)本年因疏忽而尚未征收的赋税,不得再索取;(三)设立裁判官一人,对税吏的要求进行简易裁判;(四)商人的船只不纳税[④][70]。这是尼禄皇帝黑暗朝代里的一些春光明媚的日子。

---

① 甲乙本没有这一段。
② 恺撒不得不撤销亚洲领地的税吏,而设立另一种管理制度。这是狄欧(《罗马史》,第42卷,第6章)告诉我们的。塔西佗《史记》第1卷第76章记载,马其顿和阿奇亚是奥古斯都传给罗马人民的两块领地,所以沿习古老的治理方式,后来经过若干困难与努力,才成为直接设官治理的地区。
③ 见沙尔旦:《波斯旅行记》,第6卷。
④ 塔西佗:《史记》,第13卷,第1册。

第二十节 包税人

如果包税人厚利的职业因为易于致富竟成为光荣的职业的话，一切便都完了。这种事情对专制的国家也许是好的；因为在专制国家里收税的工作常常是总督自身职务的一部分。但这种事情对一个共和国来说是不好的；它毁灭了罗马共和国。它对一个君主国来说也不会太好，因为没有任何东西比它更违背君主政体的精神了：除包税人以外，其他阶层的人民都表示厌恶；荣誉不再有任何价值；缓慢的、自然的获致显贵的方法不再为人们所重视；君主政体的原则受到打击。

在过去的时代里，人们看到许多可耻的致富的事。这曾经是五十年战役的灾难之一。但是在当时，人们认为这些财富是可笑的，而我们却羡慕这些财富[71]。

各种职业都有它的命分。收税人的命分是财富；财富本身就是酬报。显赫与荣誉是属于贵族的：他们除了显赫与荣誉而外，不懂得、看不见、也觉不到还有什么真正的幸福。尊敬和景仰是属于朝臣和官吏的，他们兢兢业业，日以继夜，为帝国的幸福工作着。

原编者注

1. 关于"托斯卡那",孟德斯鸠脑子里所想的一直是古代的"伊特鲁立亚"。
2. 这个"首领",指的是皇帝。
3. 吕萨克对这一点有争论,他请读者参考宾卡舒克的《关于公共权利的裁决》。
4. 这究竟不存在孟德斯鸠所看到的不便。
5. 路易十四世。
6. 人们认为,孟德斯鸠在这里所想到的可能是西班牙。
7. 孟德斯鸠为了给他的理论体系辩解,所以他把他的思想"体系化"是做得太过分了一些。罗马人在他们所征服的地方并没有灭绝一切。
8. 原文 qui souffre 应作 qui légitime 解,即"应该受到"、"理有应得"的意思。全句指暴政应首先受到暴力的对待。
9. 斯特拉波:《地志》,第 11 卷。
10. 指的是托堪堡,亦作托根堡的瑞士人。托堪堡是瑞士的一个山谷,属圣加尔邦。
11. 马基雅弗利:《君主论》,第 3 章。

12. 见注 97。
13. 人们曾经指出,孟德斯鸠在这里为亚历山大辩护,他是近代著者中最先给亚历山大以公道评断的一个人。历史也许将不再有任何隐讳了。
14. 土耳其称"查尼赛尔"(近卫步兵)。
15. 这在土耳其叫做"西巴依"(马兵)和"提马利奥"(屯田兵)。
16. 参阅《罗马盛衰原因论》(末尾)。
17. 虽然孟德斯鸠有时候为他的哲学的成见所左右,但是我们应该认识到他在这里给"自由"下了最精确的定义。然而他所描述的是如何的一种理想啊!
18. 人们又曾指出,孟德斯鸠所描述的原则就在洛克的《政府论》第 2 篇第 12 章内。亚里士多德是这些原则的首创者(《政治学》,第 6 卷,第 11 章)。
19. 大议会由贵族团体组成,人数一千五百人;从中产生常务会,一百人;四十人会,则顾名思义为四十人。四十人会有三个,各有专司的案件,或刑事或民事。
20. 这样,就中止"人身保护令"的效力。在英国,该命令自 1679 年起即禁止在无法官表示意思的场合拘留犯人超过二十四小时。只有议会得决定中止"人身保护令"的效力。
21. 阿尔哲农·悉尼(1617—1683),是约克公的反对派的首领,他所著的《论政府》一书,是反对费尔马的理论的著作,1702 年由杉松译成法文。
22. 就是"否决权"。
23. 原文 momentanée(暂时的)应作 instantanée(急速的)解。

24. 亚里士多德：《政治学》，第 2 卷，第 9、10 章。
25. 参看卞雅敏·康斯坦：《宪法读本》，第 1 卷，第 107 页。
26. 哈林顿（1611—1677）著有《大洋国》，这是一部乌托邦式的政治小说，1656 年出版，表现出对共和国的喜爱。
27. 这是希罗多德《历史》（《希腊波斯战争史》）第 4 卷第 144 节中关于美伽巴佐斯的话。我们在本节看到孟德斯鸠以少见的长篇巨幅向英格兰政制献媚。
28. 人们曾经指出，孟德斯鸠看错了亚里士多德的书，因为摩洛西人只有一个国王。
29. "普理斯"（police）就是波利比乌斯所称的"民主政治"。
30. 拉布莱指出：孟德斯鸠无限制地引证了狄欧尼西乌斯·哈利卡尔拿苏斯的著作，而近代的史学界对于他则抱着相当不可思议的怀疑态度。
31. 孟德斯鸠说十大官没有召开会议，而不是没有召开会议的权利。这是人们指责孟德斯鸠的地方。
32. 克利维埃在这里又指出，孟德斯鸠对他注中所引的佛兰舍谬斯的解释是不恰当的。克利维埃引证狄特·李维的材料说："一切历史记载都证明事实不是这样。"（参照拉布莱版附注）
33. 应作"盖犹斯"，不是"提贝留斯"。
34. 这是当他在亚洲任总督的时候。
35. 拉布莱指出，拉丁原文 calumniae litium 应译为"可恨的诉讼"，而不是"审判中的诬陷"。
36. 这意思是说，要有一票的多数。
37. 这里引证的是罗阿西尔的话："一票等于无票"（《习惯法》，

111

第 5 卷，第 5 章，第 10 号）。

38. "单纯亵渎神圣罪"指的是纯粹宗教的，对他人或社会不产生后果的犯罪。

39. 这里孟德斯鸠指的是"开革出教"，但他没有说出。

40. "家庭教育已经废弛"，指的是教育已不是在家庭里而是在某些机关里共同进行。

41. 这里说的是"严厉亚历山大"。

42. 原文 reprouvées 应作"作废或不用"解。

43. 已故俄后，即安·伊凡诺夫娜（1695—1740）。

44. 伊凡·多尔古露奇，彼得二世的宠臣，在诺夫戈罗德受车盘刑（即以车盘碾死的刑罚）。

45. 这项法律，就是德·都死的原因。他没有揭发珊马尔的阴谋而被处死。

46. "自由"的朋友对孟德斯鸠这句话非常愤慨。我们认为，人们是可能从这句话找到它的合理的意义的；我们认为，在政治上也是有可能因必要而无视法律，或最少中止法律的效力。

47. K 是旧写法 Kalumnia（诬告）的第一个字母。参照普利因：《巴内基利库期》，第 35 章。

48. 即护民官的设立。

49. 应作普布利利乌斯。

50. 即塞克司图斯·塔尔克维纽斯。

51. 指的是在国民之间工作，属于内政机关的密探。

52. 原文 captiver 已不是我们今天的意思；它指的是：加以抑制，便成为俘虏。

53. 原文 Chéreas，误，应作 Chéréa。
54. 孟德斯鸠把"暮勒"（伊斯兰教的高僧学者）和"暮夫蒂"（伊斯兰教法界说明官）混淆了。"暮勒"是高一级的法官。
55. 原文 les Elotes，即 les llotes（伊洛底人）。
56. 因为这个等级的人一无所有，是单纯的薪水雇佣阶级。
57. "两个王国"，一个是英国，一个是法国。在法国这种税称"间接税"。
58. 孟德斯鸠这里想到的是盐税。
59. "有些人"，指的是卖私盐者，即违反盐章的人。这些人在古式扁长船上居住。
60. 这是一种检查或登录的税。后文所谈的印花税只是增加的一项税，并不取消检查或登录税。
61. 这些建立三民会议的省份规定自己的税率。但是在路易十四世的时候，这个权利已经完全废止。
62. 所称"欧洲"，指的是"法国"。
63. 原文作"那些国家"，指的是"亚洲的国家"。
64. 指英国、法国与荷兰。
65. 我们可以看出，这里所说的"弹丸小国"的军队，指的是路易十四世和十五世还在使用着的德意志和瑞士的雇佣兵。
66. 尤其是法国。
67. 原文 Solidité 应作 solidarité 解，即连带责任的意思。
68. "包税人"指的是"总包税人"。
69. "消费品税"即英国对酒类及其他消费品所征的税（李特烈）。
70. 塔西佗：《史记》。拉丁文原文的意思是就：国家和税吏所订

113

承包契约里关于各种赋税的条件,隐蔽到现在,都要公开地揭示出来。孟德斯鸠显然没有了解拉丁原文 publicum 这个字的意思(克列维埃原注;辑入拉布莱版内)。

71. 包税人对这些话恨之入骨,虽然孟德斯鸠声称,他并不是为着攻击他们。